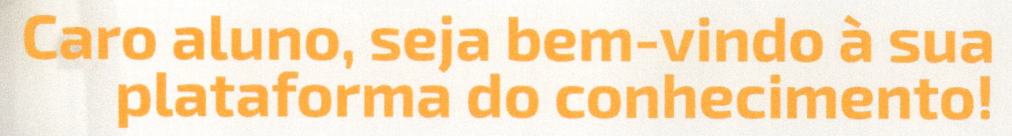

Caro aluno, seja bem-vindo à sua plataforma do conhecimento!

A partir de agora, está à sua disposição uma plataforma que reúne, em um só lugar, recursos educacionais digitais que complementam os livros impressos e foram desenvolvidos especialmente para auxiliar você em seus estudos. Veja como é fácil e rápido acessar os recursos deste projeto.

1 Faça a ativação dos códigos dos seus livros.

Se você NÃO tem cadastro na plataforma:

- acesse o endereço <login.smaprendizagem.com>;
- na parte inferior da tela, clique em "Registre-se" e depois no botão "Alunos";
- escolha o país;
- preencha o formulário com os dados do tutor, do aluno e de acesso.

O seu tutor receberá um *e-mail* para validação da conta. Atenção: sem essa validação, não é possível acessar a plataforma.

Se você JÁ tem cadastro na plataforma:

- em seu computador, acesse a plataforma pelo endereço <login.smaprendizagem.com>;
- em seguida, você visualizará os livros que já estão ativados em seu perfil. Clique no botão "Códigos ou licenças", insira o código abaixo e clique no botão "Validar".

Este é o seu código de ativação! →

DVKAQ-GDDBR-AAWSP

CB038228

2 Acesse os recursos

usando um computador.

No seu navegador de internet, digite o endereço <login.smaprendizagem.com> e acesse sua conta. Você visualizará todos os livros que tem cadastrados. Para escolher um livro, basta clicar na sua capa.

usando um dispositivo móvel.

Instale o aplicativo **SM Aprendizagem**, que está disponível gratuitamente na loja de aplicativos do dispositivo. Utilize o mesmo *login* e a mesma senha que você cadastrou na plataforma.

Importante! Não se esqueça de sempre cadastrar seus livros da SM em seu perfil. Assim, você garante a visualização dos seus conteúdos, seja no computador, seja no dispositivo móvel. Em caso de dúvida, entre em contato com nosso canal de atendimento pelo **telefone 0800 72 54876** ou pelo **e-mail** atendimento@grupo-sm.com.

BRA209732_5295

Caminhar Juntos - Religião 7º Ano - Ensino Fundamental: Anos Finais - Livro Digital do Aluno. 2ª Edição 2023

7 CAMINHAR JUNTOS

ENSINO RELIGIOSO

HUMBERTO HERRERA

HUMBERTO HERRERA

Doutor em Educação.

Graduado em Filosofia, Pedagogia e Teologia.

Especialista em Docência, Ensino Religioso e Gestão de Processos Pastorais.

Participa da Comissão para a Cultura e Educação da Conferência Nacional dos Bispos do Brasil.

Membro da Sociedade Brasileira de Cientistas Católicos.

São Paulo, 2ª edição, 2022

***Caminhar Juntos* – volume 7**
© Edições SM Ltda.
Todos os direitos reservados

Direção editorial	Cláudia Carvalho Neves
Gerência editorial	Lia Monguilhott Bezerra
Gerência de *design* e produção	André Monteiro
Edição executiva	Valéria Vaz
Edição	Gabriel Careta, Kenya Jeniffer Marcon
	Suporte editorial: Fernanda Fortunato
Coordenação de preparação e revisão	Cláudia Rodrigues do Espírito Santo
	Preparação: Vera Lúcia Rocha
	Revisão: Ivana Alves Costa, Luiza Emrich
	Apoio de equipe: Lívia Taioque
Coordenação de *design*	Gilciane Munhoz
	***Design*:** Paula Maestro, Lissa Sakajiri
Coordenação de arte	Melissa Steiner Rocha Antunes
	Edição de arte: Janaina Beltrame
Coordenação de iconografia	Josiane Laurentino
	Pesquisa iconográfica: Beatriz Micsik, Mariana Sampaio
	Tratamento de imagem: Marcelo Casaro
Capa	Estúdio Tereza Bettinardi
	Ilustração da capa: Kenzo Hamazaki
Projeto gráfico	Estúdio Tereza Bettinardi
Editoração eletrônica	Texto e Forma Conteúdo Educacional
Pré-impressão	Américo Jesus
Fabricação	Alexander Maeda
Impressão	Gráfica Santa Marta

Dados Internacionais de Catalogação na Publicação (CIP)
(Câmara Brasileira do Livro, SP, Brasil)

Herrera, Humberto
    Caminhar juntos : 7º ano : ensino religioso / Humberto Herrera. --
2. ed. -- São Paulo : Edições SM, 2022.

    ISBN 978-85-418-2791-1 (aluno)
    ISBN 978-85-418-2785-0 (professor)

    1. Ensino religioso (Ensino fundamental) I. Título.

22-110308   CDD-377.1

Índices para catálogo sistemático:
1. Ensino religioso nas escolas   377.1
2. Religião : Ensino fundamental   377.1

Cibele Maria Dias - Bibliotecária - CRB-8/9427

5ª impressão, julho 2024

SM Educação
Avenida Paulista, 1842 – 18º andar, cj. 185, 186 e 187 – Condomínio Cetenco Plaza
Bela Vista 01310-945 São Paulo SP Brasil
Tel. 11 2111-7400
atendimento@grupo-sm.com
www.grupo-sm.com/br

APRESENTAÇÃO

Caro(a) aluno(a),

Apresentamos a você a coleção **Caminhar Juntos**, cuja proposta é promover o conhecimento sobre a diversidade de manifestações religiosas presentes no Brasil e no mundo.

Cada livro desta coleção é uma aventura! Você vai abrir janelas que lhe permitirão compreender alguns elementos de sua realidade e da vida em sociedade.

Ao ampliar seus conhecimentos sobre as várias religiões e filosofias de vida, você será capaz de reconhecer a riqueza da diversidade cultural e religiosa e manter uma atitude permanente de respeito e de diálogo, tornando-se promotor(a) da cultura de paz.

Nesta coleção, você também vai encontrar diversas propostas de atividades, que, realizadas com os colegas, os familiares e o professor, possibilitarão a você saber mais sobre a cidade, o país e o mundo em que vive, transformando-se no(a) protagonista dessa caminhada!

Desejamos que, a cada passo dado, suas experiências de aprendizagem promovam uma vida mais abençoada e plena de sentido.

Boa jornada neste caminhar juntos!

O autor

CONHEÇA SEU LIVRO

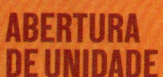

ABERTURA DE UNIDADE

A primeira página de cada unidade mostra uma imagem e traz questões que levam à reflexão inicial sobre o tema da unidade. **SABER SER** Sinaliza momentos propícios para o desenvolvimento de competências socioemocionais.

PARA COMEÇO DE CONVERSA

Seção composta de textos, imagens e atividades que aprofundam o contato com o tema tratado na unidade.

CURIOSIDADE FILOSÓFICA

Boxe que traz reflexões de pensadores e pensadoras de diversas áreas, relacionando-os aos assuntos centrais da unidade.

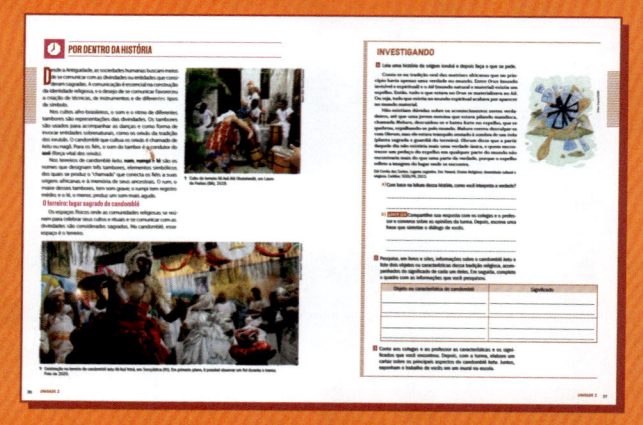

POR DENTRO DA HISTÓRIA

Seção que contextualiza a temática da unidade sob uma perspectiva histórica, além de trazer textos, imagens e atividades referentes ao tema principal.

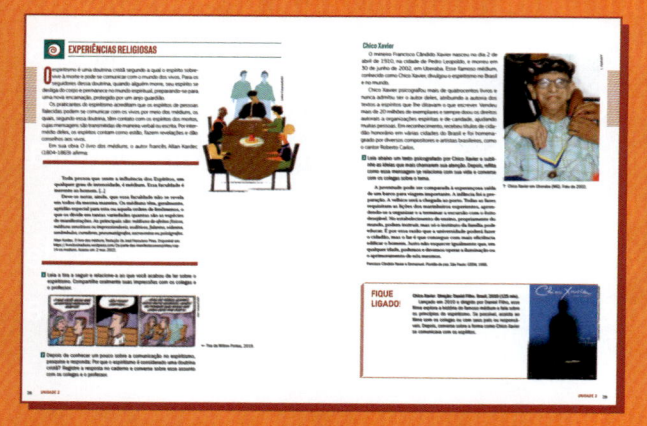

EXPERIÊNCIAS RELIGIOSAS

Nessa seção, você entra em contato com diversas práticas religiosas relacionadas ao tema discutido na unidade, para, assim, ampliar sua consciência religiosa.

FIQUE LIGADO! Boxe que apresenta sugestões de livros, *sites* e vídeos para você aprofundar seus conhecimentos sobre o tema estudado.

CONEXÕES

Nessa seção, você encontra textos, reproduções de obras de arte, poesias, letras de canções e outras manifestações artísticas relacionadas às diferentes práticas religiosas e ao tema da unidade.

FIQUE SABENDO! Boxe que aprofunda e traz curiosidades sobre diferentes temas abordados ao longo da unidade.

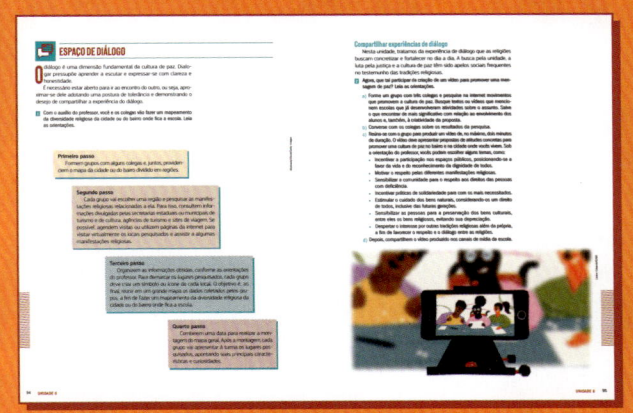

ESPAÇO DE DIÁLOGO

Seção que trabalha o diálogo inter-religioso, abordando aspectos comuns entre diferentes matrizes religiosas, por meio de atividades que buscam valorizar o respeito à diversidade religiosa.

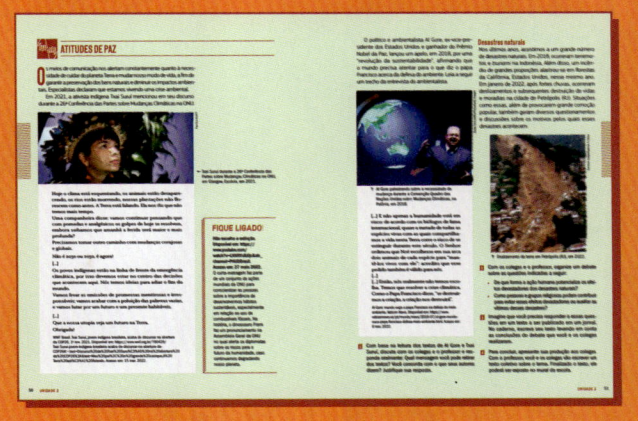

ATITUDES DE PAZ

A seção apresenta acontecimentos e propostas de atividades para que você coloque em prática ideias que ajudem a promover a cultura de paz.

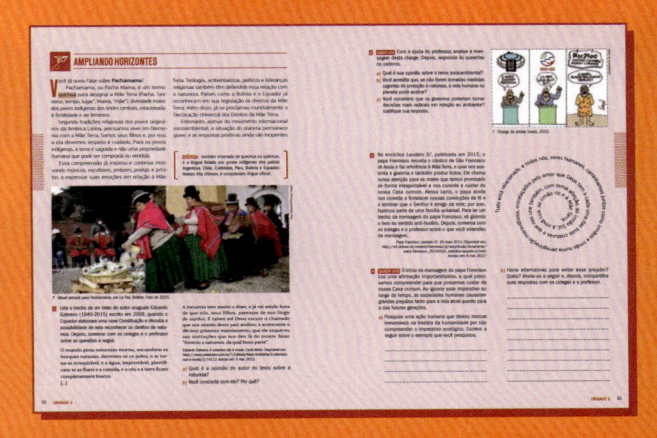

AMPLIANDO HORIZONTES

As atividades dessa seção visam integrar os assuntos tratados na unidade e ampliar o compromisso de todos com a promoção da cultura do diálogo e da paz.

GLOSSÁRIO Boxe que apresenta definições de expressões e de palavras para enriquecer seu vocabulário.

PROJETO CIDADANIA

Apresenta o passo a passo para a realização de um projeto que será desenvolvido ao longo do ano, em que você, motivado pelos conhecimentos religiosos, conhecerá e atuará sobre sua comunidade, exercitando a cidadania.

OFICINA DE JOGOS

O jogo apresentado nessa seção retoma de forma lúdica os assuntos estudados no volume, proporcionando tanto a troca de ideias e experiências quanto o contato com situações concretas de diálogo.

SUMÁRIO

4

O SAGRADO NOS ALIMENTOS

5

LÍDERES RELIGIOSOS

6

O DIÁLOGO ENTRE AS RELIGIÕES

1 SÍMBOLOS RELIGIOSOS

1. Você já participou ou ouviu falar de congadas? Em caso afirmativo, compartilhe o que sabe com os colegas.

2. Nesta foto, além de uma senhora com trajes característicos da congada, evidencia-se a bandeira. O que ela representa?

3. Você se recorda de outros momentos, rituais ou acontecimentos que tenham a bandeira como símbolo? Quais?

4. **SABER SER** Como você se comporta em rituais nos quais os participantes utilizam objetos simbólicos dos quais você desconhece o significado?

↑ Participante de Congada ao lado de uma bandeira na festa de Nossa Senhora do Rosário, em São Paulo (SP). Foto de 2019.

Erica Catarina Pontes/Shutterstock/ID/BR

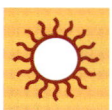

PARA COMEÇO DE CONVERSA

Você se lembra de algum acontecimento que tenha vivenciado no qual um objeto era um símbolo particularmente importante para o grupo? Você tem ou já teve um amuleto? Conhece alguém que tenha um? Já parou para pensar que muitos elementos de nosso cotidiano têm um significado subjetivo, conhecido e valorizado apenas por algumas pessoas ou grupos sociais?

Em nossas relações com outras pessoas, muitas vezes expressamos sentimentos com gestos, cores, textos e objetos carregados de simbolismo. Os símbolos e seus significados variam de uma cultura para outra, mas estão presentes em todas as sociedades humanas.

↑ Charge de Guy & Rodd, de 2008.

1 Os símbolos aparecem em muitos aspectos e situações de nosso cotidiano. Você já viu desenhos em muros e ruas do lugar onde mora? Já parou para admirar e tentar compreender o significado deles? Analise a charge e converse com os colegas e o professor: Na sua opinião, que relações podem ser estabelecidas entre os textos sagrados egípcios e os desenhos que podemos encontrar nas ruas e em outros locais públicos?

2 Faça uma pesquisa sobre a origem dos grafites. Registre no caderno suas descobertas e compartilhe-as com os colegas e o professor.

↑ Walter Benjamin na Alemanha. Foto de 1928.

CURIOSIDADE FILOSÓFICA

O grafite é uma forma de intervenção urbana que expressa maneiras de viver e de pensar em diferentes lugares do mundo. Os grafiteiros se comunicam com as cidades e seus habitantes, registrando ideias, opiniões e sentidos sobre a própria vida e sobre a vida em sociedade. O filósofo alemão Walter Benjamin (1892-1940), discutindo a obra de arte, disse o seguinte:

> Mesmo na reprodução mais perfeita, um elemento está ausente: o aqui e agora da obra de arte, sua existência única, no lugar em que ela se encontra. É nessa existência única, e somente nela, que se desdobra a história da obra [...].

Walter Benjamin. *Obras escolhidas*: magia e técnica, arte e política. Tradução de Sérgio Paulo Rouanet. São Paulo: Brasiliense, 1994. v. 1. p. 167.

1 Com a ajuda do professor, interprete as palavras do filósofo sobre a obra de arte e compartilhe suas impressões oralmente com os colegas.

2 Agora, discuta com os colegas a questão: Grafite é arte? Anote no caderno as conclusões a que chegaram.

POR DENTRO DA HISTÓRIA

A cruz é um símbolo milenar e, muitos séculos antes de Cristo, já era usada como símbolo sagrado relacionado a práticas de adoração ligadas à natureza.

Uma das representações mais antigas é a cruz suástica, que simboliza o fogo, o Sol em seu aparente movimento ou o relâmpago.

A suástica, ou cruz gamada, remonta à tradição hinduísta. Entre brâmanes e budistas, representava a felicidade, a boa sorte, a saudação ou a salvação. Uma das possíveis traduções da palavra suástica é "isso é bom"; assim, ao ingressar em um templo ou moradia ou ao encontrar uma pessoa, os hindus faziam a saudação repetindo essa palavra e desejando o bem.

Há também a cruz relacionada ao símbolo egípcio ankh, que representa a vida. Nas pirâmides mortuárias, esse símbolo aparece nas mãos das divindades, como uma espécie de chave para a imortalidade.

Em diversos objetos da Idade do Bronze, há vestígios de uma cruz semelhante à cruz latina, utilizada frequentemente em cemitérios e lugares sagrados. Em algumas comunidades africanas, a cruz aparece como encruzilhada, local onde se encontram os caminhos dos vivos e dos mortos, dos espíritos e dos deuses.

Com o surgimento do cristianismo, a cruz passou a simbolizar a vitória e a ressurreição de Jesus Cristo.

↑ A cruz suástica é um símbolo recorrente em diversas manifestações artísticas do leste asiático. Na foto, estátua de Buda com cruz suástica no peito, no templo Putuo, em Mashan, na China. Foto de 2019.

IDADE DO BRONZE: período em que surgiram as ferramentas feitas de bronze, uma liga metálica obtida da mistura de cobre e estanho. Essa técnica possibilitou grande avanço nas sociedades humanas. Em alguns lugares da atual Europa, esse período começou em torno de 5 mil anos atrás.

FIQUE SABENDO!

Os significados atribuídos aos **símbolos** são contextuais e, muitas vezes, por critérios de semelhança, alguns deles podem ser confundidos com outros. Este é o caso da cruz gamada ou suástica.

Ao longo da ascensão do Partido Nacional-Socialista dos Trabalhadores Alemães (Partido Nazista), os líderes da organização escolheram como representativo de suas ideologias uma bandeira vermelha, com um círculo branco sobre o qual se estampava uma suástica. Diante das atrocidades cometidas pelos nazistas, a suástica tornou-se um símbolo repudiado por todo o Ocidente e carregado de conotação negativa.

Casos como esse, principalmente com símbolos que transmitem uma mensagem tão forte e repugnante, nos ensinam sobre o cuidado com a **análise dos significados**, razão pela qual ela **deve ser sempre contextualizada**.

↑ Cruz ankh ao lado de hieróglifos egípcios em relevo no santuário Amon-Rá, em Luxor, no Egito. Foto de 2022.

A cruz para os cristãos

A cruz é um símbolo de abrangência mundial para os cristãos. Nos três primeiros séculos do cristianismo, Jesus Cristo era identificado com outros símbolos: as figuras do pastor, do peixe, da âncora e da pomba, por exemplo. Leia o trecho da Bíblia a seguir.

> Se alguém quiser me seguir, renuncie a si mesmo, tome cada dia a sua cruz, e me siga.
>
> Lucas 9: 23.

No século IV, a cruz se tornou o principal símbolo para representar Cristo vitorioso. A festa da Exaltação da Santa Cruz, celebrada no dia 14 de setembro, já era comemorada no Oriente, no século V, e em Roma, desde o século VII.

Na Idade Média, a cruz passou a representar também Jesus em seu estado de sofrimento e dor.

A tradição de fazer o sinal da cruz é uma prática dos cristãos desde o século V. Tanto os católicos como os ortodoxos fazem o sinal da cruz para iniciar suas orações e ritos religiosos.

ORTODOXO: neste contexto, fiel da Igreja católica ortodoxa, a segunda maior instituição religiosa cristã do mundo (depois da Igreja católica romana), com aproximadamente 250 milhões de fiéis, concentrados sobretudo nos países da Europa Oriental.

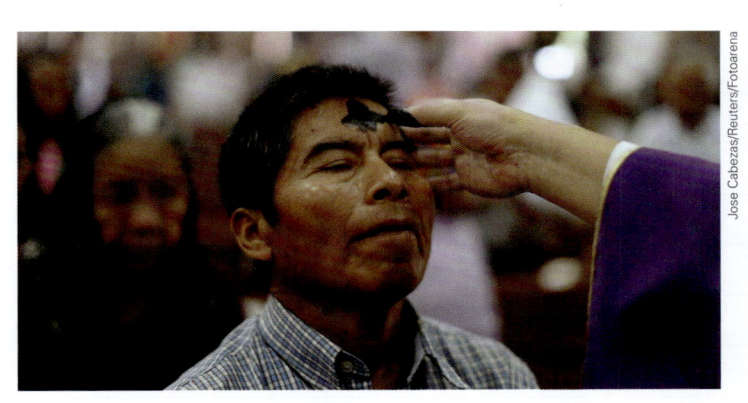

↑ O sinal da cruz com cinza representa o início da Quaresma. El Salvador, 2019.

Jose Cabezas/Reuters/Fotoarena

↑ Cruz no topo do monte Krizevac, na Bósnia. O local recebe muitos fiéis. Foto de 2021.

Adam Jan Figel/Shutterstock.com/ID/BR

INVESTIGANDO

- Pergunte a três pessoas que frequentam alguma igreja cristã o que a cruz simboliza para cada uma delas. Registre as respostas no quadro a seguir e, depois, compartilhe-as com os colegas.

Entrevistado 1:

Entrevistado 2:

Entrevistado 3:

EXPERIÊNCIAS RELIGIOSAS

A essência da filosofia taoista está em encontrar o caminho, a virtude. Tao significa "caminho virtuoso que conduz à meta". Por isso, o taoismo cultiva a harmonia, o equilíbrio e a energia que flui na natureza. O caminho do Tao é percorrido mediante a prática espiritual, a perseverança, o recolhimento e o silêncio.

O *yin-yang*, símbolo do taoismo, expressa a dualidade complementar que existe em tudo, como em claro/escuro, quente/frio, etc. *Yin* significa o "lado sombrio da montanha", enquanto *yang* é o "lado ensolarado da montanha". A montanha é vista, assim, como um símbolo de unidade composto de elementos que, ao mesmo tempo, são opostos e complementares. Observe a imagem.

↑ *Yin-yang* como parte da decoração de templo taoista na cidade de Tainan, em Taiwan. Foto de 2019.

1 Pesquise o símbolo *yin-yang* e descubra o significado e os atributos das forças que ele representa. Registre abaixo os resultados da sua pesquisa.

Yin

_____

_____

_____

_____

_____

_____

_____

_____

_____

_____

_____

Yang

_____

_____

_____

_____

_____

_____

_____

_____

_____

_____

_____

2 Leia a seguir um conto da tradição taoista.

O cavalo perdido

Era uma vez um camponês chinês pobre e honesto, que trabalhava duramente a terra com seu filho. Um dia, um de seus cavalos fugiu. Os vizinhos comentaram que o acontecimento era um infortúnio.

– Por quê? – respondeu o camponês. – Veremos o que nos traz o tempo.

No dia seguinte, o cavalo voltou, trazendo mais sete cavalos selvagens. Os vizinhos apareceram novamente, comentando essa grande sorte.

– Pode ser. – respondeu o camponês. – Veremos o que nos traz o tempo.

Tentando domar um dos cavalos selvagens, o filho do camponês caiu e quebrou uma perna. Os vizinhos vieram lamentar o ocorrido, dizendo que era uma desgraça. De novo, o camponês respondeu: "Pode ser".

No dia seguinte, oficiais do exército vieram recrutar soldados, mas não levaram o filho do camponês por causa da perna quebrada. Os vizinhos comentaram que aquilo era ótimo, ao que mais uma vez o camponês respondeu: "Pode ser".

Conto popular taoísta. Disponível em: https://www.samaelgnosis.net/revista/ser29/capitulo_09.htm. Acesso em: 8 jun. 2022. (Traduzido e adaptado pelo autor desta coleção para fins didáticos.)

Ilustrações: Liniker Eduardo/ID/BR

- Relacione a história do camponês com o significado do símbolo *yin-yang* e converse com os colegas e o professor. Depois, responda: Que mensagem taoista esse conto nos ensina?

_____

_____

_____

_____

_____

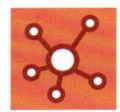

CONEXÕES

Você já ouviu falar de Banksy, um dos mais polêmicos artistas de rua da atualidade?

As obras desse artista, que prefere se manter no anonimato, ganharam repercussão e reconhecimento mundial por expressar, em muros e paredes, mensagens de crítica social, cultural e política. Observe uma de suas criações.

Island, 2018. Fotografia: ID/BR

← Grafite feito por Banksy em 2013, em muro da cidade de Nova York, Estados Unidos. Na placa, em inglês, lê-se "Grafite é um crime".

1 Faça uma pesquisa sobre o artista Banksy e suas obras e registre a seguir as informações que encontrar. Depois, converse com o professor e os colegas sobre os possíveis significados desse grafite.

_____

_____

_____

_____

_____

_____

_____

_____

_____

_____

_____

Grafite ou pichação?

De acordo com a Constituição brasileira de 1988, todos temos direito à livre expressão de atividade intelectual, artística, científica e de comunicação, independentemente de censura ou licença. Além disso, o poder público afirma o dever da comunidade de proteger o patrimônio cultural local.

2 Leia o texto a seguir e, depois, discuta com o professor e os colegas sobre o significado social dos grafites urbanos.

No *graffiti* ocorre, de forma peculiar, o estreitamento das relações entre atividade estética, cidade, política e espaço sob a perspectiva de sujeitos que vivem no próprio contexto da intervenção ou que nele se inserem para inscrever-se no diálogo aberto com a cidade. Através das imagens, o *graffiti* propõe outra relação com o entorno urbano, questionando, a partir de um olhar estético, os territórios, as regulamentações do espaço e [da] estrutura da cidade e das imagens que nela circulam, assim como os problemas coletivos subsistentes. Na heterogeneidade dos discursos visuais, no silêncio dessas conversas urbanas, o *graffiti* se faz e se refaz na incerteza da permanência ou do apagamento, na duração do olhar que passa, que imagina, que significa o urbano.

Janaina Rocha Furtado e Andréa Vieira Zanella. *Graffiti* e cidade: sentidos da intervenção urbana e o processo de constituição dos sujeitos. *Revista Mal-Estar e Subjetividade*, Fortaleza, v. 9, n. 4, p. 1279-1302, dez. 2009. Disponível em: http://pepsic.bvsalud.org/pdf/malestar/v9n4/10.pdf. Acesso em: 20 mar. 2019.

3 Após a discussão, reúna-se com um colega para responder: Existe diferença entre o grafite e a pichação? Expliquem.

↑ Pichações na fachada do campus Praia Vermelha da Universidade Federal do Rio de Janeiro. Foto de 2020.

Ismar Ingber/Pulsar Imagens

ESPAÇO DE DIÁLOGO

O universo simbólico religioso compreende uma multiplicidade de linguagens, as quais expressam diversos sentidos, comunicam mensagens e têm papel relevante nas práticas religiosas.

1 Descubra e circule no diagrama quinze diferentes tipos de símbolo presentes em tradições religiosas.

S	A	C	O	R	E	S	U	R	P	I	N	T	U	R	A	S	Q	I	O
M	K	A	A	X	U	O	M	H	A	T	P	O	S	T	U	R	A	S	U
Y	A	N	A	O	I	B	Ó	E	L	E	M	E	N	T	O	S	K	A	V
X	A	T	U	H	C	J	V	S	A	R	M	C	O	E	S	O	C	O	E
T	I	O	T	O	S	E	E	C	V	M	O	N	U	M	E	N	T	O	S
M	E	S	W	E	S	T	I	D	R	A	L	I	M	E	N	T	O	S	T
T	E	X	T	O	S	O	S	T	A	S	F	X	X	I	V	K	T	O	E
S	J	A	T	G	E	S	T	O	S	G	N	S	T	O	S	O	N	N	S
C	O	N	S	T	R	U	Ç	Õ	E	S	P	E	A	V	J	A	S	S	U

2 Registre a seguir as palavras que você encontrou.

1. C_____
2. P_____
3. C_____
4. G_____
5. M_____

6. V_____
7. C_____
8. M_____
9. O_____
10. E_____ da natureza

11. P_____ na pele
12. P_____
13. A_____
14. T_____
15. S_____

3 Agora, busque informações sobre dois símbolos sagrados de acordo com duas tradições religiosas diferentes. No caderno, reproduza o quadro a seguir, desenhe os símbolos e, abaixo de cada um, registre o respectivo significado. Depois, compartilhe com os colegas o que você pesquisou.

Religião:	
Símbolo:	
Desenho:	
Significado:	

Um símbolo, diferentes significados

Você sabia que alguns objetos são simbólicos para várias tradições religiosas? Um deles é a **chave**.

- Na tradição grega, a chave é considerada um símbolo da deusa Hécate. Tida como a guia das almas, ela guarda todas as portas e governa todos os caminhos.
- No Japão, simboliza prosperidade, uma vez que abre o celeiro de arroz. Significa aquela que pode dar acesso ao alimento espiritual.
- No catolicismo, a chave evoca o poder do apóstolo Pedro, a quem Jesus disse:

> Eu lhe darei as chaves do Reino do Céu, e o que você ligar na terra será ligado no céu, e o que você desligar na terra será desligado no céu.

Mateus 16: 19.

← No brasão do Vaticano, a chave de prata simboliza o poder de desligar a terra do céu, e a chave de ouro simboliza o poder de ligar a terra ao céu. As mesmas referências relativas às chaves aparecem nos brasões dos papas ao longo do tempo.

↑ Pieter Paul Rubens. *São Pedro*, 1610-1612. Óleo sobre madeira.

O hinduísmo é repleto de símbolos. Um exemplo disso são as representações de Shiva, o Deus dançarino. Nelas, esse Deus usa colares e braceletes de serpentes e, em sua mão direita, leva um pequeno tambor, que marca o ritmo da dança. A auréola em chamas que o rodeia representa a vitalidade inesgotável e a luz do conhecimento. Shiva dança pisando o corpo de um anão, que representa o homem mergulhado na ignorância.

↑ Estátua em bronze do século XI representando Shiva, o senhor da dança.

4 Você já viu a estrela de Davi, símbolo sagrado do judaísmo? Com os colegas, pesquise o significado desse símbolo. Depois, registre no caderno o que você descobriu.

↑ A Estrela de Davi em mosaico na fachada do monastério ortodoxo de São Gerásimo, em Jericó, na Cisjordânia. Foto de 2021.

ATITUDES DE PAZ

Nesta unidade, vimos textos e objetos que pertencem ao universo simbólico de diferentes religiões. Há também pessoas que, por meio de ações e obras repletas de significados, promovem a paz, a justiça social e a inclusão e, por isso, tornam-se exemplos. Vamos conhecer algumas delas?

A artista brasileira Tarsila do Amaral (1886-1973) abordou, em suas obras, temas sociais. Depois de uma viagem a Moscou, onde fez uma exposição em 1931, Tarsila voltou sensibilizada com a luta dos operários e pintou, em 1933, a tela *Operários*, uma de suas produções mais conhecidas. Outros trabalhos de Tarsila também revelam sua preocupação com a desigualdade social brasileira e com a condição de trabalhadores e de crianças.

Gina Vieira Pontes é professora em Ceilândia, no Distrito Federal. Ao perceber a falta de engajamento dos alunos na escola, decidiu ingressar nas redes sociais e abrir um canal de diálogo com os estudantes. Depois de assistir a um vídeo veiculado por uma de suas alunas, Gina teve a ideia de conceber um projeto que ajudasse a promover positivamente a imagem da mulher na sociedade. Assim, nasceu o projeto Mulheres Inspiradoras, que estimulou os alunos a ler e a conhecer histórias de diversas mulheres que mudaram o mundo à sua maneira e os levou a romper as barreiras do preconceito. Por esse projeto, Gina recebeu diversos prêmios, entre eles o Prêmio Professores do Brasil, o Prêmio Nacional de Educação em Direitos Humanos e o Prêmio Ibero-Americano de Educação em Direitos Humanos.

Acervo Artístico-Cultural dos Palácios do Governo do Estado de São Paulo, São Paulo, SP. Fotografia: Romulo Fialdini/Tempo Composto

Pablo Saborido/Arquivo pessoal/Acervo do cedente

↑ Professora Gina Vieira Pontes.

← Tarsila do Amaral. *Operários*, 1933. Óleo sobre tela.

1 Agora, que tal conhecer mais sobre mulheres brasileiras cuja atuação é socialmente relevante para o país? Para isso, leia as orientações a seguir.

- Em grupo com mais dois colegas, façam uma pesquisa sobre outras mulheres brasileiras que se tornaram símbolos da promoção da cultura de paz ou que lutam contra a desigualdade social, o racismo e o preconceito, a fim de promover uma sociedade mais justa e igualitária. Anotem no caderno as informações que encontraram.

- Dentre as mulheres pesquisadas, escolham uma para elaborar um cartaz, no qual deverão destacar aspectos marcantes da vida dela e explicar por que a escolheram.

- Com o professor e os demais colegas, organizem uma exposição dos cartazes na escola. Assim, alunos de outras turmas poderão conhecer essas mulheres e saber mais a importância delas para o Brasil. Lembrem-se de dar um título à exposição.

Vamos criar um símbolo?

Nesta unidade, você aprendeu muita coisa sobre a força e o significado de diversos símbolos em diferentes religiões. Que tal agora escolher um tema e criar um símbolo para representá-lo?

2 **SABER SER** Escolha um dos temas abaixo e crie um símbolo para representá-lo e promovê-lo. Utilize o espaço a seguir para desenhar esse símbolo. Caso prefira usar um programa de computador para sua produção, você pode imprimir o resultado, recortá-lo e colá-lo aqui.

Respeito pelas mulheres	Defesa do ambiente
Respeito à livre expressão	Promoção da generosidade
Proteção do patrimônio cultural	Valorização da experiência dos idosos
Respeito à diversidade religiosa	Respeito às pessoas com deficiência

a) Explique o significado do símbolo que você criou. Em seguida, apresente-o aos colegas e explique a eles o sentido que desejou comunicar.

_____

_____

_____

_____

b) Com os colegas e o professor, reproduza os símbolos em uma cartolina e organize uma exposição das criações da turma.

AMPLIANDO HORIZONTES

Você já ouviu falar do artista brasileiro Eduardo Kobra? Ele nasceu em 1975, no Jardim Martinica, bairro de periferia da zona sul da cidade de São Paulo. Hoje, é um dos muralistas mais reconhecidos do mundo, com mais de 500 obras em 5 continentes.

No projeto *Olhares da Paz*, Kobra retrata pessoas que lutaram contra a violência e se empenharam na disseminação de uma cultura de paz. Observe este mural de sua autoria.

© KOBRA, Eduardo/AUTVIS, Brasil, 2022
Fotografia: Vanessa Carvalho/Brazil Photo Press/Folhapress

← *Olhares da Paz*, 2015. Produzido em um muro em Los Angeles, Estados Unidos, esse grafite contempla as imagens de madre Teresa de Calcutá e Mahatma Gandhi.

Outros grafiteiros, como são chamados os artistas que fazem grafites, também desenvolveram trabalhos com essa mesma temática. Por meio de retratos bem coloridos de pessoas que lutaram pela paz mundial, suas obras colaboram para a construção de uma cultura de paz. Observe os grafites a seguir.

Bruno Fernandes/Fotoarena

↑ Grafite dos artistas brasileiros Crioula e Diego Moura que retrata Nelson Mandela, ex-presidente da África do Sul e vencedor do Prêmio Nobel da Paz em 1993. São Paulo (SP), 2019.

Guiziou Franck/Hemis/AFP

↑ Grafite do artista francês C 215 que retrata Malala Yousafzai, ativista paquistanesa pelo direito à educação e pelos direitos das mulheres, vencedora do Prêmio Nobel da Paz em 2014. França, 2018.

- **SABER SER** Imagine que tenha sido lançado um concurso de grafites para alunos de escolas brasileiras cujo tema fosse diversidade religiosa no Brasil. Que desenho você criaria? Desenhe e pinte sua proposta no espaço abaixo. Lembre-se de registrar sua assinatura!

Banana Republic images/Shutterstock.com/ID/BR

PROJETO CIDADANIA

PARTIDA → REALIDADE → AÇÃO → CHEGADA

BENS CULTURAIS RELIGIOSOS

O tema deste projeto são as festas religiosas. Elas são consideradas bens culturais, parte de nosso patrimônio cultural imaterial que devemos preservar e valorizar. Você conhece as festas religiosas do lugar onde vive? O que sabe delas? Costuma participar de alguma? Qual? De qual religião? Qual é a importância dessas festas para os moradores da comunidade?

> **INVENTARIAR:** ação de pesquisar, coletar e organizar informações sobre algo que se quer conhecer melhor.

OBJETIVOS

- Identificar as festas religiosas como bens que integram o patrimônio cultural da localidade/região.
- Inventariar de forma participativa as festas religiosas de sua localidade/região.
- Valorizar as referências culturais das festas religiosas de sua localidade/região.

JUSTIFICATIVA

Quando preservamos e valorizamos nosso patrimônio cultural, interligamos pessoas; além disso, sentimentos coletivos e experiências são compartilhados. Neste projeto, centraremos a atenção nas festas religiosas que ocorrem em nossa comunidade local/regional. Nelas, vamos identificar as referências culturais que mobilizam atividades, objetos e constroem sentidos para as pessoas que delas participam.

DESENVOLVIMENTO

1ª ETAPA: Bens culturais religiosos
2ª ETAPA: Elaborando um inventário
3ª ETAPA: As nossas festas
4ª ETAPA: Divulgando o trabalho

Kenzo Hamazaki/ID/BR

As festas religiosas como bens culturais

Todas as festas têm uma motivação que mobiliza as pessoas a celebrar e a participar delas. As festas marcam as histórias locais e são passadas de geração em geração, sofrendo, nesse processo, diversas transformações.

Atitudes que reconhecem e preservam o patrimônio cultural estão associadas ao exercício da cidadania, à participação social e à qualidade de vida. Os bens culturais, entre eles os religiosos, são referências importantes para que os grupos sociais se identifiquem e sejam reconhecidos entre si.

De acordo com o Instituto do Patrimônio Histórico e Artístico Nacional (Iphan), órgão responsável pelas políticas nacionais de patrimônio cultural, cujos principais instrumentos de proteção são o tombamento e o registro dos bens culturais:

O patrimônio cultural forma-se a partir de referências culturais que estão muito presentes na história de um grupo e que foram transmitidas entre várias gerações. Ou seja, são referências que ligam as pessoas aos seus pais, aos seus avós e àqueles que viveram muito tempo antes delas. São as referências que se quer transmitir às próximas gerações.

Sônia Regina Rampim Florêncio e outros. *Educação Patrimonial*: inventários participativos. Brasília-DF: Iphan, 2016. p. 7.

As festas religiosas podem ser identificadas por algumas características:

- Envolvem várias pessoas e grupos em sua preparação: organização do espaço, preparação de comidas, danças, encenações, apresentações, músicas, vestimentas, entre outras atividades;
- São importantes para muita gente e têm significados diferentes para cada pessoa ou grupo que delas participa: sentimentos de fé e religiosidade, diversão, turismo, entre outros;
- Estão presentes em vários locais e apresentam características particulares e variações regionais e/ou geográficas em cada um deles.

↑ Foliões em cavalgada durante a Festa do Divino, em Pirenópolis (GO). Foto de 2020.

PRIMEIRAS IDEIAS

1. Pesquisem, em fontes impressas e digitais (livros, revistas, jornais, fotografias, documentários e sites) as festas religiosas do lugar onde vocês vivem. Nessa pesquisa, identifiquem as que são reconhecidas oficialmente no município ou estado onde moram.

2. Elaborem uma lista das pessoas e instituições de sua comunidade que participam da organização de celebrações religiosas locais. Podem considerar professores e outros profissionais que atuem em instituições culturais.

3. Organizem-se em grupos para realizar o inventário das festas. Cada grupo deverá ficar responsável por uma festa. Façam uma lista dos locais (arquivos, centros de memória, museus, etc.) que poderão visitar ou das pessoas que deverão entrevistar para conhecer mais essas festas. Acrescentem à lista informações de visitação e os devidos contatos.

4. Com o apoio do professor, elaborem um planejamento das visitas e entrevistas, listando os instrumentos de registro (cadernos, câmeras, questionários, gravador, etc.) e outros recursos necessários, e o cronograma dessas atividades.

5. Sob a orientação do professor realizem um levantamento de informações sobre o local/região no qual realizaram o inventário, como: denominação, descrição, história, dados socioeconômicos, entre outros. Registrem e organizem os resultados num produto visual (infográfico, pensamento visual...) que possam consultar e ter como referência.

2 FALAR COM DEUS

1. O que você imagina que as pessoas retratadas na imagem estão fazendo?

2. Você já esteve em algum lugar semelhante ao da foto? Se sim, qual?

3. Em sua opinião, como podemos nos comunicar com os seres que consideramos divinos e sagrados?

4. **SABER SER** De que maneiras você costuma se comunicar com as pessoas com quem convive?

↑ Localizado em Somerset, na Inglaterra, o Tor de Glastonbury é considerado um lugar sagrado e de peregrinação para praticantes de diferentes religiões. No cume dessa colina, estão os vestígios da torre da Igreja de São Miguel, construída no século XV. Foto de 2021.

PARA COMEÇO DE CONVERSA

Comunicar-se é uma necessidade desde os primeiros tempos da experiência humana. Todos nós precisamos nos expressar, queremos falar e ser ouvidos e entender o que os outros dizem. As formas de comunicação são inúmeras, com grande variedade de gêneros textuais e símbolos que enriquecem nossa vida.

- Leia a tira a seguir e analise a situação de que ela trata. Depois, compartilhe com os colegas e o professor suas impressões.

← Tira de Cameron Davis, 2011.

← Djamila Ribeiro em 2021.

CURIOSIDADE FILOSÓFICA

As diferentes formas de linguagem e o processo de comunicação são marcados pela estrutura social, que hierarquiza as falas e a importância delas com base no lugar social ocupado pelos indivíduos e respectivos grupos identitários.

A filósofa brasileira e feminista negra Djamila Ribeiro (1980-) nos conduz a uma reflexão sobre o lugar de fala sob a perspectiva da mulher negra brasileira. Segundo a pensadora, a fala não é um ato neutro e deve ser compreendida no âmbito de um sistema que a legitima, ou não, a partir do lugar social ocupado pelos indivíduos na estrutura sócio-histórica.

O falar não se restringe ao ato de emitir palavras, mas de poder existir. Pensamos [no] lugar de fala como refutar a historiografia tradicional e a hierarquização de saberes consequentes da hierarquia social. Quando falamos de direito à existência digna, à voz, estamos falando de *locus* social, de como esse lugar imposto dificulta a possibilidade de transcendência. Absolutamente não tem a ver com uma visão essencialista de que somente o negro pode falar sobre racismo, por exemplo.

Djamila Ribeiro. *O que é lugar de fala?* Belo Horizonte: Letramento: Justificando, 2017. p. 64.

1 Com a ajuda do professor, interprete esse trecho que expressa o pensamento da filósofa Djamila Ribeiro.

2 Com base nesse pensamento de Djamila e na discussão realizada na primeira atividade, explique por que a fala não é neutra.

Desde a Antiguidade, as sociedades humanas buscam meios de se comunicar com as divindades ou entidades que consideram sagradas. A comunicação é essencial na construção da identidade religiosa, e o desejo de se comunicar favoreceu a criação de técnicas, de instrumentos e de diferentes tipos de símbolo.

Nos cultos afro-brasileiros, o som e o ritmo de diferentes tambores são representações das divindades. Os tambores são usados para acompanhar as danças e como forma de invocar entidades sobrenaturais, como os orixás da tradição dos iorubás. O candomblé que cultua os orixás é chamado de *ketu* ou nagô. Para os fiéis, o som do tambor é o condutor do **axé** (força vital dos orixás).

Nos terreiros de candomblé *ketu*, **rum**, **rumpi** e **lé** são os nomes que designam três tambores, elementos simbólicos dos quais se produz o "chamado" que conecta os fiéis a suas origens africanas e à memória de seus ancestrais. O rum, o maior desses tambores, tem som grave; o rumpi tem registro médio; e o lé, o menor, produz um som mais agudo.

↑ Culto do terreiro Ilê Axé Alá Obatalandê, em Lauro de Freitas (BA), 2019.

O terreiro: lugar sagrado do candomblé

Os espaços físicos onde as comunidades religiosas se reúnem para celebrar seus cultos e rituais e se comunicar com as divindades são considerados sagrados. No candomblé, esse espaço é o terreiro.

↑ Celebração no terreiro de candomblé *ketu* Ilê Asé Yobá, em Seropédica (RJ). Em primeiro plano, é possível observar um fiel durante o transe. Foto de 2020.

INVESTIGANDO

1 Leia uma história de origem iorubá e depois faça o que se pede.

Conta-se na tradição oral das matrizes africanas que no princípio havia apenas uma verdade no mundo. Entre *Orun* (mundo invisível e espiritual) e o *Aiê* (mundo natural e material) existia um espelho. Então, tudo o que estava no *Orun* se materializava no *Aiê*. Ou seja, tudo que existia no mundo espiritual acabava por aparecer no mundo material.

Não existiam dúvidas sobre os acontecimentos serem verdadeiros, até que uma jovem menina que estava pilando mandioca, chamada *Mahura*, descuidou-se e bateu forte no espelho, que se quebrou, espalhando-se pelo mundo. *Mahura* correu desculpar-se com *Olorum*, mas ele estava tranquilo sentado à sombra de um *iroko* (planta sagrada e guardiã do terreiro). *Olorum* disse que a partir daquele dia não existiria mais uma verdade única, e quem encontrasse um pedaço do espelho em qualquer parte do mundo não encontraria mais do que uma parte da verdade, porque o espelho reflete a imagem do lugar onde se encontra.

Elói Corrêa dos Santos. Lugares sagrados. Em: Paraná. *Ensino Religioso*: diversidade cultural e religiosa. Curitiba: SEED/PR, 2013.

a) Com base na leitura dessa história, como você interpreta a verdade?

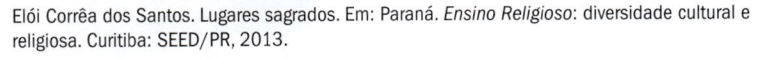

b) **SABER SER** Compartilhe sua resposta com os colegas e o professor e converse sobre as opiniões da turma. Depois, escreva uma frase que sintetize o diálogo de vocês.

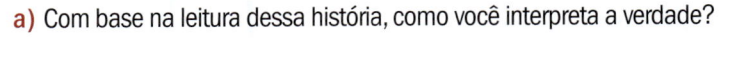

2 Pesquise, em livros e *sites*, informações sobre o candomblé *ketu* e liste dois objetos ou características dessa tradição religiosa, acompanhados do significado de cada um deles. Em seguida, complete o quadro com as informações que você pesquisou.

Objeto ou característica do candomblé	Significado

3 Conte aos colegas e ao professor as características e os significados que você encontrou. Depois, com a turma, elabore um cartaz sobre os principais aspectos do candomblé *ketu*. Juntos, exponham o trabalho de vocês em um mural na escola.

EXPERIÊNCIAS RELIGIOSAS

O espiritismo é uma doutrina cristã segundo a qual o espírito sobrevive à morte e pode se comunicar com o mundo dos vivos. Para os seguidores dessa doutrina, quando alguém morre, seu espírito se desliga do corpo e permanece no mundo espiritual, preparando-se para uma nova encarnação, protegido por um anjo guardião.

Os praticantes do espiritismo acreditam que os espíritos de pessoas falecidas podem se comunicar com os vivos por meio dos médiuns, os quais, segundo essa doutrina, têm contato com os espíritos dos mortos, cujas mensagens são transmitidas de maneira verbal ou escrita. Por intermédio deles, os espíritos contam como estão, fazem revelações e dão conselhos aos vivos.

Em sua obra *O livro dos médiuns*, o autor francês Allan Kardec (1804-1869) afirma:

> Toda pessoa que sente a influência dos Espíritos, em qualquer grau de intensidade, é médium. Essa faculdade é inerente ao homem. [...]
>
> Deve-se notar, ainda, que essa faculdade não se revela em todos da mesma maneira. Os médiuns têm, geralmente, aptidão especial para esta ou aquela ordem de fenômenos, o que os divide em tantas variedades quantas são as espécies de manifestações. As principais são: *médiuns de efeitos físicos, médiuns sensitivos ou impressionáveis, auditivos, falantes, videntes, sonâmbulos, curadores, pneumatógrafos, escreventes ou psicógrafos.*

Allan Kardec. *O livro dos médiuns*. Tradução de José Herculano Pires. Disponível em: https://livrodosmediuns.wordpress.com/2a-parte-das-manifestacoesespiritas/cap-14-os-mediuns. Acesso em: 2 mar. 2022.

1. Leia a tira a seguir e relacione-a ao que você acabou de ler sobre o espiritismo. Compartilhe oralmente suas impressões com os colegas e o professor.

← Tira de Wilton Pontes, 2019.

2. Depois de conhecer um pouco sobre a comunicação no espiritismo, pesquise e responda: Por que o espiritismo é considerado uma doutrina cristã? Registre a resposta no caderno e converse sobre esse assunto com os colegas e o professor.

Chico Xavier

O mineiro Francisco Cândido Xavier nasceu no dia 2 de abril de 1910, na cidade de Pedro Leopoldo, e morreu em 30 de junho de 2002, em Uberaba. Esse famoso médium, conhecido como Chico Xavier, divulgou o espiritismo no Brasil e no mundo.

Chico Xavier psicografou mais de quatrocentos livros e nunca admitiu ser o autor deles, atribuindo a autoria dos textos a espíritos que lhe ditavam o que escrever. Vendeu mais de 20 milhões de exemplares e sempre doou os direitos autorais a organizações espíritas e de caridade, ajudando muitas pessoas. Em reconhecimento, recebeu títulos de cidadão honorário em várias cidades do Brasil e foi homenageado por diversos compositores e artistas brasileiros, como o cantor Roberto Carlos.

3 Leia abaixo um texto psicografado por Chico Xavier e sublinhe as ideias que mais chamarem sua atenção. Depois, reflita como essa mensagem se relaciona com sua vida e converse com os colegas sobre o tema.

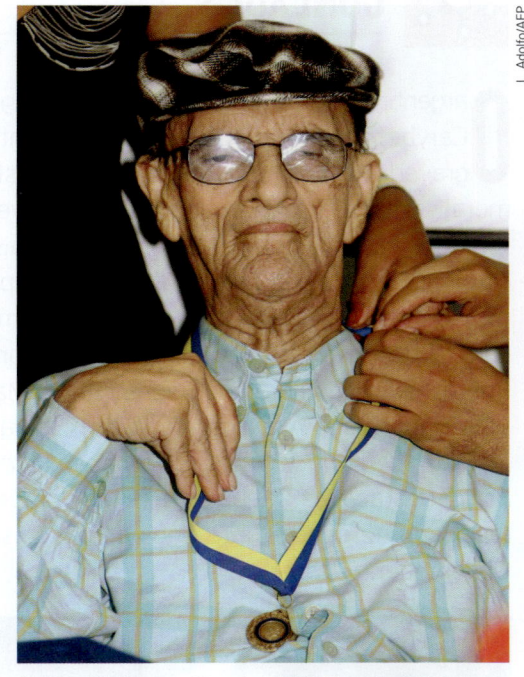

↑ Chico Xavier em Uberaba (MG). Foto de 2002.

> A juventude pode ser comparada à esperançosa saída de um barco para viagem importante. A infância foi a preparação. A velhice será a chegada ao porto. Todas as fases requisitam as lições dos marinheiros experientes, aprendendo-se a organizar e a terminar a excursão com o êxito desejável. No estabelecimento de ensino, propriamente do mundo, podem instruir, mas só o instituto da família pode educar. É por essa razão que a universidade poderá fazer o cidadão, mas o lar é que consegue com mais eficiência edificar o homem. Justo não esquecer igualmente que, em qualquer idade, podemos e devemos operar a iluminação ou o aprimoramento de nós mesmos.

Francisco Cândido Xavier e Emmanuel. *Plantão de paz*. São Paulo: GEEM, 1988.

FIQUE LIGADO!

Chico Xavier. Direção: Daniel Filho. Brasil, 2010 (125 min).

Lançado em 2010 e dirigido por Daniel Filho, esse filme explora a história do famoso médium e fala sobre os princípios do espiritismo. Se possível, assista ao filme com os colegas ou com seus pais ou responsáveis. Depois, converse sobre a forma como Chico Xavier se comunicava com os espíritos.

CONEXÕES

O argentino Hector Julio Páride Bernabó (1911-1997), conhecido como Carybé, foi um artista de muitos talentos, atuando como pintor, gravador, desenhista, ilustrador, mosaicista, ceramista, entalhador e muralista. Desde 1950, quando passou a viver em Salvador, interessou-se pela religiosidade, pelos costumes locais e pelo cotidiano de pescadores, de vendedores ambulantes, de capoeiristas e de lavadeiras.

Em sua trajetória, realizou mais de 5 mil trabalhos, contribuindo com ilustrações para livros de autores como Jorge Amado, Rubem Braga, Mário de Andrade e Gabriel García Márquez. Carybé morreu em 1997, no terreiro Axé Opô Afonjá, em Salvador.

O livro *Iconografia dos deuses africanos no candomblé da Bahia* destaca 128 aquarelas feitas por Carybé entre 1940 e 1980, resultado de quase trinta anos de pesquisa conduzida pelo artista. Observe uma dessas obras.

↑ O multiartista Carybé.

↑ Carybé. *Oxalá*, 1965. Óleo sobre tela.

O escritor baiano Jorge Amado (1912-2001) assim descreve esse amigo e artista:

> Os outros podem reunir dados físicos e secos, violentar o segredo com suas máquinas fotográficas e os gravadores e fazer em torno dele maior ou menor sensacionalismo, a serviço dos racismos mais diversos, mas apenas Carybé, e ninguém mais, poderia preservar os valores do candomblé da Bahia.
>
> Citado por Lucy Andrade. 100 anos de Carybé. *Leiamais.ba*, 7 fev. 2011. Disponível em: https://leiamaisba.com.br/2011/02/07/100-anos-de-carybe. Acesso em: 2 mar. 2022.

Devoção e beleza

Carybé foi um artista que se encantou com o candomblé e, em muitas de suas obras, retratou os orixás e os valores religiosos dessa tradição.

A cultura afro-brasileira é um rico patrimônio do Brasil. Conhecer, valorizar e respeitar a história da África e suas diferentes manifestações culturais, participar da luta dos afrodescendentes, reconhecer sua importância fundamental na formação da sociedade brasileira e suas contribuições sociais, econômicas e políticas fazem parte da formação básica em cidadania.

1 Faça uma pesquisa sobre os orixás do candomblé e, depois, em seu caderno, escreva o que descobriu sobre eles.

2 Pesquise entre os sambas-enredo do último carnaval se alguma escola de samba fez referência a algum orixá. Analise a letra e sintetize o conteúdo da mensagem.

3 Escolha um dos orixás representados a seguir, pesquise sobre ele e, no caderno, descreva as características, os símbolos e os significados a ele atribuídos.

Os **orixás** são elementos estruturantes das crenças que orientam religiões afrobrasileiras como umbanda e candomblé *ketu* e, por isso, são importantes signos da cultura africana de resistência.

O mesmo acontece com o samba, em suas diferentes representações. Dada as semelhanças em suas origens e no percurso de resistência de adeptos dessas religiões e do samba, há muitos pontos de contato e de diálogo entre eles.

É bastante recorrente que escolas de samba escolham enredos tematizados por orixás ou orientados por temas que falam da resistência do povo negro a partir das referências de orixás e das religiões afrobrasileiras. Este foi o caso da Mocidade Alegre, escola de samba de São Paulo que, em 2020, com o samba-enredo "Do canto das Yabás renasce uma nova morada", exaltou orixás femininos como Iemanjá e Oxum.

Em 2019, a escola carioca Salgueiro apresentou no carnaval o samba-enredo "Xangô", como exaltação ao orixá de mesmo nome.

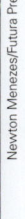

↑ Carro alegórico da escola de samba Mocidade Alegre, de São Paulo (SP), representando Iemanjá. Foto de 2020.

↑ Iansã

↑ Iemanjá

Arthur Duarte/ID/BR

Newton Menezes/Futura Press

↑ Oxum

ESPAÇO DE DIÁLOGO

Cada religião tem seus próprios rituais para buscar a comunicação com as divindades, mas existe algo comum a todas as tradições religiosas: os fiéis acreditam que as divindades ouvem suas preces e atendem a seus pedidos. No catolicismo, duas práticas ilustram essa crença, a Liturgia das Horas e a Oração Universal.

A Liturgia das Horas

Antigamente chamada de Ofício Divino, a Liturgia das Horas é a oração comunitária oficial da Igreja católica. Trata-se de um conjunto de orações composto de salmos, hinos e leituras bíblicas, entre outros recursos, para ser rezado em determinadas horas do dia, em comunhão com fiéis do mundo todo. São muitos os religiosos católicos e inúmeros leigos que cultivam essa tradição diariamente.

A Liturgia das Horas surgiu na Idade Média, com os monges beneditinos, que tinham como regra fazer orações durante suas viagens. Para rezar as "horas menores" (às 9, 12 e 15 horas), não era necessário ir à igreja, mas, ao ouvir o som dos sinos, os monges deviam interromper suas ocupações e rezar onde estivessem, assim como fazem os muçulmanos. Para rezar as "horas maiores", chamadas laudes (oração da manhã) e vésperas (oração da tarde), os monges deviam se reunir na capela ou na igreja.

A partir do século XII, boa parte dos fiéis católicos passou a usar um volume abreviado desse conjunto de orações, mais prático para levar em viagens. A publicação da primeira edição desse volume foi incentivada por freis franciscanos. E a revisão das orações foi realizada em 1970, pelo papa Paulo VI. Atualmente, a Liturgia das Horas está disponível até mesmo em aplicativos de celular, o que facilita seu uso pelos fiéis.

A Oração Universal

Você já participou de uma missa e prestou atenção no momento em que os fiéis fazem pedidos a Deus, repetindo, ao final de cada oração: "Senhor, escutai a nossa prece"? Isso ocorre após as orações dos fiéis. Em geral, os pedidos estão na seguinte ordem:

1. Pelas necessidades da Igreja;
2. pelas autoridades civis, para que governem conforme os princípios da justiça e do bem comum;
3. por todas as pessoas que sofrem dificuldades;
4. pela comunidade local.

Diferentes formas de falar com Deus

Cada religião apresenta maneiras específicas para que os fiéis, de modo individual ou coletivo, estabeleçam o diálogo entre si e também com as divindades.

- Imagine que um grupo de colegas está caçoando do modo como alguns fiéis realizam o diálogo com os seres que consideram divinos. Como você reagiria? Quais seriam as atitudes mais adequadas nesse caso? Compartilhe suas ideias com os colegas.

Renato S. Cerqueira/Futura Press

Fiéis católicos durante missa na Catedral da Sé, → São Paulo (SP). Foto de 2021.

Oração mundial pela paz

Você sabia que todos os anos, no primeiro dia de janeiro, comemora-se o Dia Mundial da Paz?

Nesse dia, muitas igrejas se reúnem para momentos de oração e reflexão. Na mensagem que proferiu em 1º de janeiro de 2018, o papa Francisco destacou a condição de migrantes e refugiados. Leia um trecho a seguir.

> Paz a todas as pessoas e a todas as nações da terra! [...]
>
> Com espírito de misericórdia, abraçamos todos aqueles que fogem da guerra e da fome ou se veem constrangidos a deixar a própria terra por causa de discriminações, perseguições, pobreza e degradação ambiental.
>
> [...]
>
> Todos os elementos à disposição da comunidade internacional indicam que as migrações globais continuarão a marcar o nosso futuro. Alguns consideram-nas uma ameaça. Eu, pelo contrário, convido-vos a vê-las com um olhar repleto de confiança, como oportunidade para construir um futuro de paz.
>
> [...]
>
> A sabedoria da fé nutre este olhar, capaz de intuir que todos pertencemos a uma só família, migrantes e populações locais que os recebem, e todos têm o mesmo direito de usufruir dos bens da terra, cujo destino é universal, como ensina a doutrina social da Igreja.
>
> [...]
>
> Oferecer a requerentes de asilo, refugiados, migrantes e vítimas de tráfico humano uma possibilidade de encontrar aquela paz que andam à procura exige uma estratégia que combine quatro ações: acolher, proteger, promover e integrar.
>
> [...]
>
> Almejo do fundo do coração que seja este espírito a animar o processo que, no decurso de 2018, levará à definição e aprovação por parte das Nações Unidas de dois pactos globais: um para migrações seguras, ordenadas e regulares, outro referido aos refugiados. [...]

Mensagem do papa Francisco para a celebração do 51º Dia Mundial da Paz.
Disponível em: http://w2.vatican.va/content/francesco/pt/messages/peace/documents/papa-francesco_20171113_messaggio-51giornatamondiale-pace2018.html.
Acesso em: 2 mar. 2022.

↑ Papa Francisco durante celebração do Dia Mundial da Paz, na Basílica de São Pedro, Vaticano, 2019.

Vincenzo Pinto/AFP

- Com a orientação do professor, busque informações sobre o Pacto Global para Migração Segura, Ordenada e Regular, elaborado pela Organização das Nações Unidas. Registre as principais propostas desse pacto voltadas à garantia da paz e da justiça para migrantes e refugiados.

_____

_____

_____

_____

ATITUDES DE PAZ

A fé é essencial na comunicação com Deus. As pessoas acreditam que Deus escuta suas orações e, se tiverem fé e esperança, alcançarão aquilo de que precisam.

No filme *Cartas para Deus*, direção de David Nixon e Patrick Doughtie, inspirado em fatos reais, uma criança com câncer escreve mensagens para Deus pedindo a recuperação de sua saúde.

Falar com Deus é também o tema de um clássico da música popular brasileira. Você conhece a canção "Se eu quiser falar com Deus", de Gilberto Gil? Essa música foi lançada em 1981, mas ainda hoje é cantada e aplaudida nos *shows* desse artista. Se possível, assista com os colegas e o professor ao filme *Cartas para Deus* e, depois, ouça a canção "Se eu quiser falar com Deus", acompanhando a reprodução de duas de suas estrofes.

Hans Punz/APA/AFP

↑ Gilberto Gil se apresentando em Viena, Áustria, em 2019.

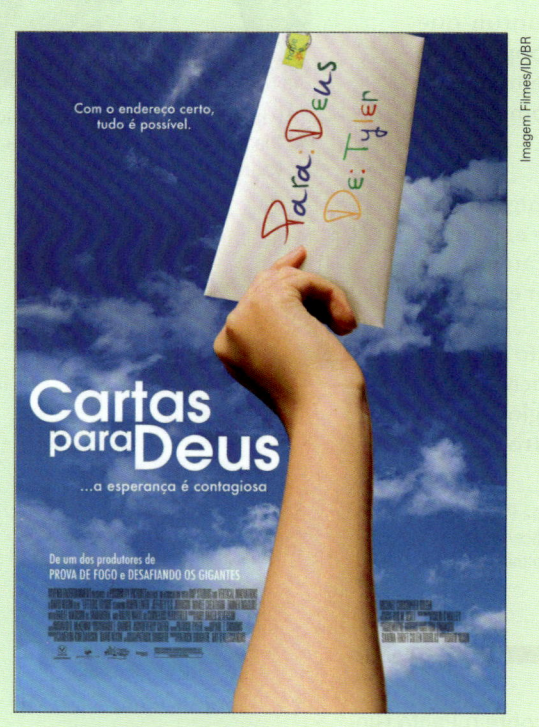

Imagem Filmes/ID/BR

↑ Cartaz do filme *Cartas para Deus* (2010).

Se eu quiser falar com Deus
Tenho que ficar a sós
Tenho que apagar a luz
Tenho que calar a voz
Tenho que encontrar a paz
Tenho que folgar os nós
Dos sapatos, da gravata
Dos desejos, dos receios
Tenho que esquecer a data
Tenho que perder a conta
Tenho que ter mãos vazias
Ter a alma e o corpo nus
[...]
Se eu quiser falar com Deus
Tenho que me aventurar
Tenho que subir aos céus
Sem cordas pra segurar
Tenho que dizer adeus
Dar as costas, caminhar
Decidido, pela estrada
Que ao findar vai dar em nada
Nada, nada, nada, nada
Nada, nada, nada, nada
Nada, nada, nada, nada
Do que eu pensava encontrar

Gilberto Gil. Se eu quiser falar com Deus. Intérprete: Gilberto Gil. Em: *Luar (A gente precisa ver o luar)*. São Paulo: Warner Music, 1981. 1 CD. Faixa 10.

1 Agora, responda às questões no caderno.

a) Quais são as formas de comunicação com Deus apresentadas no filme e na letra da canção?

b) Você costuma se comunicar com Deus? Como?

2 Entreviste uma pessoa religiosa e pergunte a ela como se comunica com Deus e o que costuma expressar nessas ocasiões. Registre no caderno as respostas obtidas e compartilhe-as com os colegas.

Pessoas com TEA (Transtorno do Espectro Autista)

Nesta unidade, falamos bastante sobre formas de se comunicar com Deus e expressar nossa religiosidade. Agora, vamos refletir um pouco sobre a dificuldade de comunicação que afeta algumas pessoas.

O filme de animação *Mary e Max: uma amizade diferente*, de Adam Elliot, lançado em 2009, conta a história de amizade entre uma menina de 8 anos que vive na cidade de Melbourne, na Austrália, e Max, um senhor de 44 anos que mora em Nova York, nos Estados Unidos.

← Cena do filme *Mary e Max: uma amizade diferente*.

Mary é uma menina solitária, que não recebe atenção de seus pais e cujo único amigo é um galo. Um dia, ela decide escrever uma carta a um endereço aleatório nos Estados Unidos e passa a se comunicar com Max, que tem Síndrome de Asperger. Apesar das diferenças, os dois firmam uma amizade e continuam se correspondendo por décadas.

Entre as várias temáticas discutidas no filme, as personagens mostram a dificuldade enfrentada por uma pessoa com Síndrome de Asperger. Você já ouviu falar sobre essa condição?

Essa síndrome está relacionada ao Transtorno do Espectro Autista (TEA). As pessoas com essa síndrome podem apresentar dificuldades de comunicação e interação sociais e de domínio da linguagem, além de desenvolver comportamentos repetitivos e restritivos.

> **SÍNDROME DE ASPERGER:** um dos perfis do Transtorno do Espectro Autista (TEA) é um transtorno de comportamento que afeta a capacidade de a pessoa perceber o mundo, se comunicar e de se socializar com eficiência.

3 Pesquise sobre o Transtorno do Espectro Autista e sobre a Lei n. 12 764, de 2012, conhecida como Lei Berenice Piana, que instituiu a Política Nacional de Proteção dos Direitos da Pessoa com Transtorno do Espectro Autista. Anote no caderno as informações que encontrar e compartilhe suas descobertas com os colegas e o professor.

4 Você sabia que as pessoas com TEA têm direito a atendimento preferencial? Faça uma pesquisa sobre os símbolos que representam o TEA e anote os significados deles no caderno.

5 Você sabe o significado dos demais símbolos presentes nessa imagem? Converse com os colegas e o professor.

6 Se possível, assista ao filme *Mary e Max* e, depois, converse com os colegas sobre suas impressões.

↑ Exemplo de informações das placas de atendimento preferencial.

AMPLIANDO HORIZONTES

Vimos nesta unidade que a oração é um dos meios de conversar com Deus. Sabemos que fiéis de diversas religiões dispõem de vários rituais voltados a essa comunicação, acreditando que as divindades podem escutar suas preces e atendê-las.

1 Complete o quadro para descobrir a principal oração diária feita pelos muçulmanos. Para decifrar a mensagem, substitua os números por letras de acordo com a legenda. Depois, registre-a no caderno, acentuando as palavras e pontuando as frases, se necessário.

| 1 | 2 | | 3 | 4 | 2 | 1 | | 5 | 1 | | 6 | 7 | 6 | | 8 | 7 | 1 | 2 | 1 | 3 | 9 | 1 |
| | | | | | | | | | | | | | | | | | | | | | | |

| 2 | 10 | 11 | 1 | 12 | 10 | 8 | 4 | 12 | 5 | 10 | 4 | 11 | 4 | | 9 | 4 | 5 | 4 | 11 | | 4 | 11 | | 7 | 4 | 13 | 14 | 4 | 12 | 1 | 11 |

| 11 | 6 | 4 | | 15 | 6 | 12 | 6 | | 6 | 7 | 6 | | 4 | | 11 | 1 | 3 | 16 | 4 | 12 | | 5 | 1 | | 9 | 4 | 5 | 4 | 11 |

| 4 | 11 | | 2 | 13 | 3 | 5 | 4 | 11 | | 8 | 7 | 1 | 2 | 1 | 3 | 9 | 1 | | 2 | 10 | 11 | 1 | 12 | 10 | 8 | 4 | 12 | 5 | 10 | 4 | 11 | 4 |

| 11 | 4 | 17 | 1 | 12 | 6 | 3 | 4 | | 5 | 4 | | 5 | 10 | 6 | | 5 | 4 | | 18 | 13 | 10 | 19 | 4 | | 11 | 4 | | 6 | | 9 | 10 |

| 10 | 2 | 15 | 7 | 4 | 12 | 6 | 2 | 4 | 11 | | 6 | 18 | 13 | 5 | 6 | | 20 | 13 | 10 | 6 | | 3 | 4 | 11 | | 6 | | 11 | 1 | 3 | 5 | 6 |

| 12 | 1 | 9 | 6 | | 6 | | 11 | 1 | 3 | 5 | 6 | | 5 | 4 | 11 | | 21 | 13 | 1 | | 6 | 20 | 12 | 6 | 8 | 10 | 6 | 11 | 9 | 1 |

| 3 | 6 | 4 | | 6 | | 5 | 4 | 11 | | 6 | 17 | 4 | 2 | 10 | 3 | 6 | 5 | 4 | 11 | | 3 | 1 | 2 | | 6 | | 5 | 4 | 11 |

| 1 | 22 | 9 | 12 | 6 | 14 | 10 | 6 | 5 | 4 | 11 |

LEGENDA

A = 6	H = 16	O = 4	U = 13
B = 17	I = 10	P = 15	V = 14
C = 8	J = 18	Q = 21	X = 22
D = 5	L = 7	R = 12	Z = 19
E = 1	M = 2	S = 11	
G = 20	N = 3	T = 9	

2 A oração é um dos pilares do islamismo. Os muçulmanos rezam cinco vezes ao dia: ao nascer do sol, ao meio-dia, entre as três e as cinco horas da tarde, depois do pôr do sol e antes da meia-noite. O ritual orienta que, ao rezar, os fiéis devem se ajoelhar na direção de Meca, cidade sagrada do islã, e tocar o chão com a testa, prostrando-se com humildade perante Alá. Com base nisso, responda:

a) Quais características você percebe no ritual de oração dos fiéis muçulmanos?

_____
_____
_____

b) Algumas dessas características são semelhantes às práticas da sua religião ou de outra religião que você conhece? Quais?

_____
_____
_____

↑ Muçulmanos durante oração na Mesquita Brasil, capital de São Paulo, em 2020.

3 **SABER SER** Nesta unidade, estudamos também o candomblé. Você sabia que, no Brasil, essa tradição religiosa é alvo de preconceito e intolerância? Faça uma pesquisa sobre esse assunto e, depois, imagine que você tenha sido convidado a escrever um texto informativo para um jornal da cidade onde mora, com o objetivo de sensibilizar a população para as práticas religiosas do candomblé. Escreva o texto com base nas informações que pesquisou. Você pode optar por um enfoque mais geral ou destacar apenas alguns elementos. Concluída a produção textual, compartilhe-a com os colegas e o professor.

← Celebração no terreiro de candomblé *ketu* Ilê Asé Yobá, em Seropédica (RJ). Foto de 2020.

_____
_____
_____
_____

PROJETO CIDADANIA

ELABORANDO UM INVENTÁRIO

Nesta etapa do projeto, você e seu grupo vão elaborar uma ficha de inventário sobre as festas religiosas identificadas e pesquisadas. Existem diversas formas de elaborar essa ficha, uma delas é explicada no modelo apresentado a seguir, organizado com base na publicação *Educação patrimonial: inventários participativos*, produzida pelo Iphan. Vocês poderão responder às informações sobre as festas inventariadas ou utilizá-lo como modelo para, sob a orientação do professor, elaborar a própria ficha.

Ficha de inventário de festas religiosas

I. IDENTIFICAÇÃO
Nome

Escrevam o nome mais comum da festa que escolheram inventariar e outros nomes pelos quais ela é conhecida.

_____

_____

Imagens

Insiram fotos ou façam um desenho que represente essa festa.

O que é?

Apresentem, de forma resumida, o que é a festa e qual é seu tema principal.

_____

_____

_____

Onde é?

Localizem, com base nas referências mais conhecidas, onde a festa costuma acontecer.

_____

_____

_____

Períodos importantes

Anotem os momentos ou datas importantes associados à festa.

_____

_____

_____

História

Sistematizem de forma resumida algumas informações sobre as origens e transformações da festa ao longo do tempo.

_____

_____

_____

II. DESCRIÇÃO
Programação

Informem quais são os eventos ou etapas que fazem parte da festa.

_____

_____

Pessoas envolvidas

Informem quem são as pessoas que organizam e participam da festa e o que elas fazem.

_____

_____

_____

Comidas e bebidas

Informem se há alimentos e bebidas especiais para essa festa e, em caso afirmativo, quais são eles.

_____

_____

_____

_____

Roupas e acessórios

Informem se há vestimentas e acessórios específicos usados na festa e, em caso afirmativo, quais são, quem os usa e a finalidade para a qual são usados.

_____

_____

_____

_____

Expressões corporais (danças e encenações)

Informem se há danças, procissões, encenações que integram a festa. Digam em que parte da festa elas se realizam e quais são as pessoas envolvidas diretamente.

_____

_____

_____

_____

Expressões orais (músicas, orações e outras formas de expressão oral)

Se existirem, expliquem em que parte da festa elas são realizadas e quais são as pessoas responsáveis por fazê-las.

_____

_____

_____

_____

Objetos importantes (instrumentos musicais, objetos rituais, elementos cênicos, decoração do espaço e outros)

Informem se há e quais são os objetos existentes na festa.

_____

_____

_____

Estrutura e recursos necessários

Especifiquem quais estruturas e recursos são necessários para a festa.

_____

_____

_____

Outras referências culturais relacionadas

Informem se à festa estão associadas outras referências, como objetos, lugares, etc.

_____

_____

_____

III. AVALIAÇÃO

Indiquem os principais pontos positivos para que a festa continue como uma referência cultural e os pontos ou evidências que podem determinar seu desaparecimento.

_____

_____

_____

_____

IV. RECOMENDAÇÕES

Façam propostas para melhorar as condições de existência, realização e transmissão da festa.

_____

_____

_____

_____

3 O SAGRADO NA NATUREZA

1 Quais aspectos dos ciclos da natureza você identifica na foto?

2 Qual é a importância dos ciclos da natureza para o cultivo do arroz? E para o cultivo de outros alimentos que você conhece?

3 Como os ciclos da natureza impactam a sua vida ao longo do ano?

4 SABER SER O desmatamento e os diversos tipos de poluição alteram drasticamente os ciclos da natureza. Que ações podem ser realizadas, individual e coletivamente, para combater a destruição ambiental?

Karel Bittner/Alamy/Fotoarena

↑ Agricultores em plantação de arroz no Vietnã. Foto de 2021. Esse tipo de alimento precisa de clima quente e úmido para prosperar. Durante a estação das chuvas, os agricultores aproveitam para represar a água em terraços como esse e criar o ambiente mais adequado para cultivar o arroz.

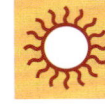

PARA COMEÇO DE CONVERSA

Os elementos da natureza estão presentes em muitas situações de nosso cotidiano.

Logo pela manhã, por exemplo, usamos a água para fazer a higiene pessoal e para preparar o café da manhã, entre muitas outras atividades.

Será que é possível viver sem água? Já faltou água em sua casa? Como foi essa experiência?

O texto a seguir reconta o surgimento da flor de girassol segundo a mitologia grega. Leia-o com atenção, converse com os colegas e o professor e, depois, responda às questões.

Clítia era uma ninfa aquática, apaixonada por Apolo [o Sol], que não lhe correspondia, o que a fez definhar. Deixava-se ficar durante todo o dia sentada no frio chão, com as tranças desatadas caídas sobre os ombros. [...] Contemplava o Sol, desde que ele se erguia no nascente até se esconder no poente [...]; não via outra coisa, seu rosto voltava-se constantemente para ele. Afinal, conta-se, seus pés enraizaram-se no chão, seu rosto transformou-se numa flor [o girassol] que se move constantemente em seu caule, de maneira a estar sempre voltada para o Sol [...].

Thomas Bulfinch. *O livro de ouro da mitologia*: histórias de deuses e heróis. Rio de Janeiro: Ediouro, 2006. p. 111.

↑ Charles de Lafosse. *Clície transformada em girassol*, 1688. Óleo sobre tela.

1 Quais são os elementos naturais citados no texto?

2 No texto, que sentido religioso esses elementos adquirem?

↑ Davi Kopenawa em 2019.

CURIOSIDADE FILOSÓFICA

Em sua obra *A queda do céu*, Davi Kopenawa, xamã yanomami e ativista político, discorre sobre a cultura ancestral e a história recente de seu povo, alertando-nos sobre a importância da defesa dos direitos indígenas e da floresta para, assim, evitar que o *céu desabe*.

[...] no silêncio da floresta, nós, xamãs, bebemos o pó das árvores *yãkoana hi*, que é o alimento dos *xapiri*. Estes então levam nossa imagem para o tempo do sonho. Por isso somos capazes de ouvir seus cantos e contemplar suas danças de apresentação enquanto dormimos. Essa é a nossa escola, onde aprendemos as coisas de verdade. [...] Sabemos que eles permanecem ao nosso lado na floresta e continuam mantendo o céu no lugar.

Davi Kopenawa e Bruce Albert. *A queda do céu*: palavras de um xamã yanomami. São Paulo: Companhia das Letras, 2015. p. 76-79.

1 Pesquise quem são os *xapiri*, mencionados no texto.

2 Qual elemento natural permite aos xamãs do povo de Kopenawa adentrar no mundo dos sonhos e aprender os ensinamentos dos xapiri?

3 Em sua opinião, o que pode significar o título da obra da qual foi retirado esse trecho de texto?

POR DENTRO DA HISTÓRIA

O fogo acompanha a história humana desde nossos primeiros antepassados, que já o cultuavam e temiam seu poder. Por isso mesmo, atribuíam aos deuses a posse e o domínio desse elemento.

Dominar o fogo significou um grande salto para os grupos humanos, que passaram a utilizá-lo para se aquecer, cozinhar os alimentos, proteger-se de animais selvagens e enfrentar a escuridão.

No hinduísmo, o fogo é um símbolo sagrado que representa a consciência material. Os seguidores dessa religião acreditam que o calor do fogo transmite as bênçãos de Deus.

Entre os hindus, o ritual do fogo sagrado é chamado de *yajña*, e o que sacraliza esse elemento é a atitude com a qual se prepara o ritual. Nessa celebração, eles utilizam o *samagri*, uma mistura de ervas medicinais, doces e cereais oferecida ao fogo com a intenção de purificar o ambiente. Com esse ritual, o hindu se dispõe a queimar seu próprio ego (sentidos, emoções e pensamentos), com o objetivo de transformá-lo e purificá-lo.

Rudra Narayan Mitra/Alamy/Fotoarena

← Hindus durante ritual *yajña*, na Índia, 2020.

O fogo como símbolo sagrado

O fogo está presente em várias festas do hinduísmo, como a Festa das Luzes, também conhecida como ritual *Diwali*, na qual se acendem velas para celebrar a chegada de um novo ano.

Também nas celebrações de casamento hindu, o fogo é um símbolo importante. Alguns ritos desse tipo de celebração, realizada como um ritual de invocação aos deuses para alcançar vida gloriosa, merecem destaque:

Dibyangshu Sarkar/AFP/Getty Images

Devotos acendendo velas durante a → Festa das Luzes, na Índia, 2020.

- O casal oferece arroz e manteiga ao fogo, simbolizando a igualdade de seus direitos e deveres.
- Depois de dar quatro voltas ao redor do fogo sagrado, o casal passa a ser considerado marido e mulher. Esse momento marca a promessa do homem de proteger a mulher por toda a vida, enquanto ela promete conduzir o marido pelo caminho da verdade.
- As quatro voltas ao redor do fogo representam a religião, o dever e a retidão (*dharma*); a prosperidade (*artha*); a energia e a paixão (*kama*); e a libertação (*moksha*).

↑ Casal em ritual do fogo durante cerimônia de casamento hindu, na Índia, 2019.

INVESTIGANDO

1 Em grupo, com mais três colegas, pesquise outros rituais cujo elemento central seja o fogo. Juntos, escolham um ritual para se aprofundar. Lembrem-se de que vocês podem buscar informações sobre rituais de qualquer religião. Anotem no caderno o que encontrarem.

a) Converse com os colegas de grupo sobre um modo de apresentar o ritual pesquisado à turma e ao professor. Vocês podem optar por utilizar cartazes com textos e imagens ou criar uma apresentação no computador, por exemplo. O importante é mostrar de que forma o ritual incorpora o fogo e o que esse elemento representa para a religião.

b) Combine com a turma uma data para a apresentação e preste atenção na fala dos colegas. Depois, converse com eles sobre as semelhanças e as diferenças entre os rituais pesquisados.

2 Agora, faça uma pesquisa individual sobre o ritual católico realizado na vigília do Domingo de Páscoa e anote no caderno os resultados encontrados. Se possível, busque também imagens que ilustrem esse ritual. Depois, compartilhe com os colegas as informações que você obteve.

EXPERIÊNCIAS RELIGIOSAS

Na história da humanidade, os rios foram primordiais no surgimento de diversas sociedades. Em torno dos rios Tigre e Eufrates, originaram-se os sumérios; às margens do Nilo, os egípcios; junto aos rios Amarelo e Azul, os chineses; às margens do rio Indo, os indianos.

Para os seguidores do hinduísmo, o Ganges é o mais sagrado de todos os rios, considerado a continuação do céu, uma ponte sagrada para o divino. Os hinduístas costumam banhar-se no Ganges com o objetivo de purificar o espírito e o corpo. Também nos rituais fúnebres há o costume de lançar as cinzas dos mortos no rio. Nesse ato, eles acreditam que se dá a transição do espírito para os céus.

Uma das maiores festas religiosas do mundo é a Maha Kumbh Mela, que reúne seguidores do hinduísmo de diferentes países e acontece na cidade indiana de Allahabad, no ponto de encontro dos rios Ganges e Yamuna.

Milhões de peregrinos participam desse festival, em que os fiéis mergulham nas águas do Ganges em sinal de purificação e recitam cânticos religiosos. Ao amanhecer, os primeiros a se banhar no Ganges são os *sadhus*, respeitados como santos, que se destacam por sua sabedoria e por suas práticas espirituais.

Erberto Zani/Alamy/Fotoarena

← Milhares de fiéis do hinduísmo esperam para banhar-se nas águas do rio Ganges em Haridwar, Índia, durante Maha Kumbh Mela, em Haridwar, na Índia. Foto de 2020.

1 Você conhece as famosas cataratas do Iguaçu ou já ouviu falar delas? Para os indígenas kaingang, as cataratas representam a trégua entre o bem e o mal na natureza, na história do povo e em cada pessoa dessa etnia. Pesquise informações do povo Kaingang e, depois, em uma folha de papel sulfite, crie uma história em quadrinhos com base no que encontrar.

2 Troque seus quadrinhos com os de um colega e, em seguida, produza uma nova história em quadrinhos em tamanho maior, para ser exposta no mural da escola.

Iemanjá, a mãe das águas

Na unidade anterior, abordamos os orixás, divindades cuja origem é iorubá. Iemanjá é uma delas. O nome dessa divindade significa "mãe dos filhos peixes", sendo reverenciada nas tradições religiosas afro-brasileiras como a mãe de todos os orixás. Em Luanda, cidade angolana onde habitam muitas pessoas de origem iorubá, Iemanjá é conhecida como Kianda e recebe homenagens semelhantes às que lhe são feitas no Brasil.

No dia 2 de fevereiro, em Salvador (BA), realiza-se uma grande celebração a Iemanjá. Durante essa festa, pescadores, praticantes de umbanda e de candomblé *ketu* e outros devotos se reúnem no bairro do Rio Vermelho e prestam homenagem à Rainha do Mar, ofertando-lhe flores, alimentos, perfumes e joias.

← Festa de Iemanjá em Salvador (BA), 2019.

É curioso destacar que, nessa ocasião, também se realizam as comemorações da festa católica de Nossa Senhora dos Navegantes, nos estados do Rio Grande do Sul e de Santa Catarina. Tais celebrações se caracterizam pelo **sincretismo religioso**.

3 Pesquise o significado do termo **sincretismo religioso**. Anote os resultados no caderno e, depois, converse com os colegas e o professor sobre o que você entendeu do assunto.

↑ Festa de Nossa Senhora dos Navegantes em Porto Alegre (RS), 2019.

CONEXÕES

Os quatro elementos da natureza – terra, água, ar e fogo – são significativos em rituais de diferentes tradições religiosas. Em algumas religiões afro-brasileiras, por exemplo, esses elementos são associados aos orixás, mas essas relações podem variar de acordo com as denominações e as vertentes religiosas.

Terra
Pode ser identificada com Nanã, simboliza a maternidade e a fonte de todas as formas de vida.

Água
Pode ser identificada com Oxum, simboliza a fonte da vida. Tem a capacidade de desintegrar, lavar, purificar e regenerar.

Ar
Pode ser identificado com Oxalá, simboliza o início de todas as ações humanas. Torna a vida possível por meio da respiração.

Fogo
Pode ser identificado com Exu, simboliza a libertação. Representa mudança incessante, contraste e harmonia.

1 Converse com os colegas e o professor sobre o significado dos quatro elementos da natureza para as tradições religiosas.

2 Identifique um dos elementos naturais com algum ritual ou símbolo religioso que você conhece. Anote sua resposta no caderno e, depois, explique aos colegas o significado desse ritual ou símbolo.

Terra, água, ar e fogo: uma celebração da vida

Com base no que vimos até aqui, é possível perceber que os elementos da natureza fazem parte da vida de todos nós, inclusive das experiências religiosas, proporcionando sentido e motivação.

3 Com ajuda do professor, você e os colegas devem se organizar em quatro grupos. Cada grupo ficará responsável por um elemento da natureza, que deverá ser trabalhado de acordo com o roteiro a seguir.

- Cada grupo vai pesquisar informações sobre como o elemento escolhido se apresenta em diferentes tradições religiosas, destacando os significados que lhe são atribuídos e apontando exemplos com imagens e palavras.

- Os grupos devem registrar os resultados da pesquisa em uma grande mandala de quatro cores, as quais representarão os elementos da natureza, conforme esta ilustração. Nas faixas coloridas específicas, cada grupo vai colocar as palavras e imagens que pesquisou.

- Em seguida, cada grupo deverá pesquisar uma expressão cultural (mito, lenda, artes visuais, música, dança, etc.) que valorize o elemento escolhido para ser apresentada à turma.

- Por fim, em uma roda de conversa, cada grupo vai expor seu trabalho. As apresentações podem contar, por exemplo, com músicas, poemas, danças ou encenações. Entre uma apresentação e outra, converse com os colegas sobre suas percepções, destacando os aspectos que mais chamaram sua atenção.

Arthur Duarte/ID/BR

ESPAÇO DE DIÁLOGO

Nesta unidade, vimos que a água é um elemento essencial em muitas práticas religiosas. Ela expressa e dá sentido aos rituais de purificação dos fiéis. Veja a seguir alguns exemplos do simbolismo desse elemento em diferentes tradições religiosas.

Xintoísmo

Nos santuários xintoístas, os fiéis praticam o *temizu*, ritual de purificação realizado na entrada do templo. Os visitantes lavam as mãos e a boca com a ajuda de conchas (*hishaku*), antes de entrar no santuário principal, conhecido como *shaden*. Esse ritual evoca a necessidade de limpar o espírito das impurezas do mundo.

Temizu em santuário xintoísta localizado em Kyoto, Japão, 2019. →

Umbanda

Os umbandistas praticam o banho de cheiro, ritual que simboliza a troca de energias com a natureza. Os fiéis acreditam que esse banho, feito com ervas aromáticas, restabelece o equilíbrio energético do corpo, da mente e do espírito. Além disso, os umbandistas usam também água com ervas para abençoar os fiéis.

← Água de cheiro para bênçãos de axé, em Salvador (BA), 2020.

Islamismo

Antes de realizar o salá (*salat*), oração feita pelos muçulmanos cinco vezes ao dia, voltados para Meca, é necessário purificar-se, mediante um ritual denominado ablução. Embora existam variações, esse ritual prevê, em geral, que os fiéis lavem as mãos, a boca, as narinas, o rosto, os antebraços e os pés. Às vezes, os fiéis banham o corpo inteiro. No pátio das mesquitas, há pias e fontes para que realizem esse ritual.

Muçulmanos lavam o antebraço e os pés em uma mesquita em Caiseri, na Turquia. Foto de 2020. →

1 Identifique e sublinhe no texto o(s) trecho(s) que aborda(m) o sentido atribuído pelos fiéis de diferentes religiões à utilização ritual da água. Depois, compartilhe sua resposta com os colegas.

O acesso à água é um direito de todos

Antonio Cruz/Agência Brasil

← Manifestantes durante o Fórum Alternativo Mundial da Água, em Brasília (DF). Foto de 2018.

Em 2018, como parte da programação do Fórum Alternativo Mundial da Água (Fama), realizou-se em 22 de março, Dia Mundial da Água, uma marcha em defesa desse bem natural. O evento contou com a participação de povos indígenas e de fiéis de diferentes igrejas.

Nesse evento, membros e parceiros da Rede Ecumênica de Água, vinculada ao Conselho Mundial de Igrejas, ratificaram a Declaração Ecumênica sobre a Água como Direito Humano e Bem Público.

A preservação e a distribuição da água é um assunto que preocupa diversos líderes religiosos. Sobre esse tema, o papa Francisco, em sua encíclica *Laudato Si'*, escreveu:

> Enquanto a qualidade da água disponível piora constantemente, em alguns lugares cresce a tendência para se privatizar este recurso escasso, tornando[-o] uma mercadoria sujeita às leis do mercado. Na realidade, o acesso à água potável e segura é um direito humano essencial, fundamental e universal, porque determina a sobrevivência das pessoas e, portanto, é condição para o exercício dos outros direitos humanos. Este mundo tem uma grande dívida social para com os pobres que não têm acesso à água potável, porque isto é negar-lhes o direito à vida [...].

Papa Francisco. *Laudato Si'*, 24 maio 2015. Disponível em: https://www.vatican.va/content/francesco/pt/encyclicals/documents/papa-francesco_20150524_enciclica-laudato-si.html#30. Acesso em: 5 mar. 2022.

2 Com a ajuda do professor, busque informações sobre a situação da água potável no mundo e sobre a Declaração Ecumênica sobre a Água como Direito Humano e Bem Público. Registre os resultados da pesquisa no caderno.

3 SABER SER Com os colegas, leia a mensagem do papa Francisco sobre a água como direito humano. Depois, discuta as recomendações do papa e relacione-as com a pesquisa que você realizou.

FIQUE LIGADO!

O menino que descobriu o vento. Direção: Chiwetel Ejiofor. Reino Unido: 2019 (113 min).
O filme é baseado um uma obra autobiográfica de William Kamkwamba, autor nascido no Malawi, um país da África. Nesse lugar, o período de tempestades oscila com momentos de intensa seca, agravando a vida das famílias que tiram seu sustento da agricultura.
Paralelamente ao enredo sobre a história da família, o filme contextualiza o descaso do governo e problemas políticos e sociais que agravam a situação e levam pessoas a morrer de fome.

TCD/Prod.DB/Alamy/Fotoarena

↑ William Kamkwamba, protagonista do filme *O menino que descobriu o vento*, interpretado pelo ator queniano Maxwell Simba.

ATITUDES DE PAZ

Os meios de comunicação nos alertam constantemente quanto à necessidade de cuidar do planeta Terra e mudar nosso modo de vida, a fim de garantir a preservação dos bens naturais e diminuir os impactos ambientais. Especialistas declaram que estamos vivendo uma crise ambiental.

Em 2021, a ativista indígena Txai Suruí mencionou em seu discurso durante a 26ª Conferência das Partes sobre Mudanças Climáticas na ONU:

Paul ELLIS/AFP

← Txai Suruí durante a 26ª Conferência das Partes sobre Mudanças Climáticas na ONU, em Glasgow, Escócia, em 2021.

> Hoje o clima está esquentando, os animais estão desaparecendo, os rios estão morrendo, nossas plantações não florescem como antes. A Terra está falando. Ela nos diz que não temos mais tempo.
>
> Uma companheira disse: vamos continuar pensando que com pomadas e analgésicos os golpes de hoje se resolvem, embora saibamos que amanhã a ferida será maior e mais profunda?
>
> Precisamos tomar outro caminho com mudanças corajosas e globais.
>
> Não é 2030 ou 2050, é agora!
>
> [...]
>
> Os povos indígenas estão na linha de frente da emergência climática, por isso devemos estar no centro das decisões que acontecem aqui. Nós temos ideias para adiar o fim do mundo.
>
> Vamos frear as emissões de promessas mentirosas e irresponsáveis; vamos acabar com a poluição das palavras vazias, e vamos lutar por um futuro e um presente habitáveis.
>
> [...]
>
> Que a nossa utopia seja um futuro na Terra.
>
> Obrigada!

WWF Brasil. Txai Suruí, jovem indígena brasileira, acaba de discursar na abertura da COP26, 1º nov. 2021. Disponível em: https://www.wwf.org.br/?80429/Txai-Surui-jovem-indigena-brasileira-acaba-de-discursar-na-abertura-da-COP26#:~:text=Discurso%20de%20Txai%20Suru%C3%AD%20na%20abertura%20da%20COP26%3A&text=Meu%20pai%2C%20o%20grande%20cacique,A%20Terra%20est%C3%A1%20falando. Acesso em: 15 mar. 2022.

FIQUE LIGADO!

Não escolha a extinção. Disponível em: https://www.youtube.com/watch?v=LXIVRYs8JQc&ab_channel=PNUDBrasil. Acesso em: 27 maio 2022.

O curta-metragem faz parte de um conjunto de ações mundiais da ONU para conscientizar as pessoas sobre a importância de desenvolvermos hábitos sustentáveis, especialmente em relação ao uso de combustíveis fósseis. Na história, o dinossauro Frank faz um pronunciamento na Assembleia Geral da ONU no qual alerta os diplomatas sobre os riscos para o futuro da humanidade, caso continuemos degradando nosso planeta.

O político e ambientalista Al Gore, ex-vice-presidente dos Estados Unidos e ganhador do Prêmio Nobel da Paz, lançou um apelo, em 2018, por uma "revolução da sustentabilidade", afirmando que o mundo precisa atentar para o que diz o papa Francisco acerca da defesa do ambiente. Leia a seguir um trecho da entrevista do ambientalista.

↑ Al Gore palestrando sobre a necessidade de mudança durante a Convenção-Quadro das Nações Unidas sobre Mudanças Climáticas, na Polônia, em 2018.

[...] E não apenas a humanidade está em risco: de acordo com os biólogos de fama internacional, quase a metade de todas as espécies vivas com as quais compartilhamos a vida nesta Terra corre o risco de se extinguir durante este século. O Senhor ordenou que Noé recolhesse em sua arca dois animais de cada espécie para "mantê-los vivos com ele": acredito que esse pedido também é válido para nós.
[...]
[...] Então, nós realmente não temos escolha. Temos que resolver a crise climática. Como o Papa Francisco disse, "se destruirmos a criação, a criação nos destruirá".

Al Gore: mundo ouça o papa Francisco na defesa do meio ambiente. *Vatican News*. Disponível em: https://www.vaticannews.va/pt/mundo/news/2018-07/al-gore-mundo-ouca-papa-francisco-defesa-meio-ambiente.html. Acesso em: 6 mar. 2022.

1 Com base na leitura dos textos de Al Gore e Txai Suruí, discuta com os colegas e o professor e responda oralmente: Qual mensagem você pode retirar dos textos? Você concorda com o que seus autores dizem? Justifique sua resposta.

Desastres naturais

Nos últimos anos, assistimos a um grande número de desastres naturais. Em 2018, ocorreram terremotos e *tsunami* na Indonésia. Além disso, um incêndio de grandes proporções alastrou-se em florestas da Califórnia, Estados Unidos, nesse mesmo ano. Em janeiro de 2022, após fortes chuvas, ocorreram deslizamentos e subsequentes destruição de vidas e moradias na cidade de Petrópolis (RJ). Situações como essas, além de provocarem grande comoção popular, também geram diversos questionamentos e discussões sobre os motivos pelos quais esses desastres acontecem.

↑ Deslizamento de terra em Petrópolis (RJ), em 2022.

2 Com os colegas e o professor, organize um debate sobre as questões indicadas a seguir:

- De que forma a ação humana potencializa os efeitos devastadores dos desastres naturais?
- Como pessoas e grupos religiosos podem contribuir para evitar esses efeitos devastadores ou auxiliar as vítimas desses desastres?

3 Imagine que você precisa responder a essas questões em um texto a ser publicado em um jornal. No caderno, escreva seu texto levando em conta as conclusões do debate que você e os colegas realizaram.

4 Para concluir, apresente sua produção aos colegas. Com o professor, você e os colegas vão escrever um texto coletivo sobre o tema. Finalizado o texto, ele poderá ser exposto no mural da escola.

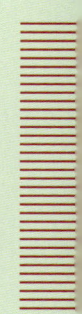

AMPLIANDO HORIZONTES

Você já ouviu falar sobre **Pachamama**?

Pachamama, ou Pacha Mama, é um termo quíchua para designar a Mãe Terra (Pacha, "universo, tempo, lugar"; Mama, "mãe"), divindade maior dos povos indígenas dos Andes centrais, relacionada à fertilidade e ao feminino.

Segundo tradições religiosas dos povos originários da América Latina, precisamos viver em harmonia com a Mãe Terra. Somos seus filhos e, por isso, a ela devemos respeito e cuidado. Para os povos indígenas, a terra é sagrada e não uma propriedade humana que pode ser comprada ou vendida.

Essa compreensão já inspirou e continua motivando músicos, escultores, pintores, poetas e artistas a expressar suas emoções em relação à Mãe Terra. Teólogos, ambientalistas, políticos e lideranças religiosas também têm defendido essa relação com a natureza. Países como a Bolívia e o Equador já reconhecem em sua legislação os direitos da Mãe Terra. Além disso, já se proclamou mundialmente a Declaração Universal dos Direitos da Mãe Terra.

Entretanto, apesar do movimento internacional socioambiental, a situação do planeta permanece grave, e as respostas positivas ainda são incipientes.

> **QUÍCHUA:** também chamado de quechua ou quéchua, é a língua falada por povos indígenas dos países Argentina, Chile, Colômbia, Peru, Bolívia e Equador. Nestes três últimos, é considerado língua oficial.

Aizar Raldes/AFP/Getty Images

↑ Ritual aimará para Pachamama, em La Paz, Bolívia. Foto de 2020.

1 Leia o trecho de um texto do autor uruguaio Eduardo Galeano (1940-2015) escrito em 2008, quando o Equador elaborava uma nova Constituição e discutia a possibilidade de nela reconhecer os direitos da natureza. Depois, converse com os colegas e o professor sobre as questões a seguir.

O mundo pinta naturezas mortas, sucumbem os bosques naturais, derretem-se os polos, o ar torna-se irrespirável, e a água, imprestável, plastificam-se as flores e a comida, e o céu e a terra ficam completamente loucos.

[...]

A natureza tem muito a dizer, e já vai sendo hora de que nós, seus filhos, paremos de nos fingir de surdos. E talvez até Deus escute o chamado que soa saindo deste país andino, e acrescente o décimo primeiro mandamento, que ele esqueceu nas instruções que nos deu lá do monte Sinai: "Amarás a natureza, da qual fazes parte".

Eduardo Galeano. A natureza não é muda. *Carta Maior*. Disponível em: https://www.cartamaior.com.br/?/Editoria/Meio-Ambiente/A-natureza-nao-e-muda/3/14112. Acesso em: 6 mar. 2022.

a) Qual é a opinião do autor do texto sobre a natureza?

b) Você concorda com ele? Por quê?

2 **SABER SER** Com a ajuda do professor, analise a mensagem desta charge. Depois, responda às questões no caderno.

a) Qual é sua opinião sobre o tema socioambiental?

b) Você acredita que, se não forem tomadas medidas urgentes de proteção à natureza, a vida humana no planeta pode acabar?

c) Você considera que os governos poderiam tomar decisões mais radicais em relação ao ambiente? Justifique sua resposta.

↑ Charge do artista Santo, 2012.

3 Na encíclica *Laudato Si'*, publicada em 2015, o papa Francisco recorda o cântico de São Francisco de Assis e faz referência à Mãe Terra, a qual nos sustenta e governa e também produz frutos. Ele chama nossa atenção para os males que temos provocado de forma irresponsável e nos convida a cuidar de nossa Casa comum. Nessa carta, o papa ainda nos convida a fortalecer nossas convicções de fé e a lembrar que o Senhor é amigo da vida; por isso, fazemos parte de uma família universal. Para ler um trecho da mensagem do papa Francisco, vá girando o livro no sentido anti-horário. Depois, converse com os colegas e o professor sobre o que você entendeu da mensagem.

Papa Francisco. *Laudato Si'*, 24 maio 2015. Disponível em: http://w2.vatican.va/content/francesco/pt/encyclicals/documents/papa-francesco_20150524_enciclica-laudato-si.html. Acesso em: 6 mar. 2022.

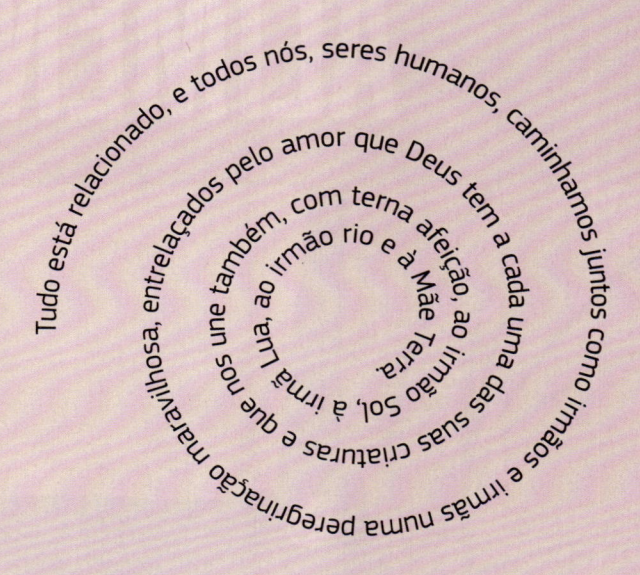

Tudo está relacionado, e todos nós, seres humanos, caminhamos juntos como irmãos e irmãs numa peregrinação maravilhosa, entrelaçados pelo amor que Deus tem a cada uma das suas criaturas e que nos une também, com terna afeição, ao irmão Sol, à irmã Lua, ao irmão rio e à Mãe Terra.

4 **SABER SER** O início da mensagem do papa Francisco traz uma afirmação importantíssima, a qual precisamos compreender para que possamos cuidar da nossa Casa comum. Ao ignorar esse imperativo ao longo do tempo, as sociedades humanas causaram grandes prejuízos tanto para a vida atual quanto para a das futuras gerações.

a) Pesquise uma ação humana que deixou marcas irreversíveis na história da humanidade por não compreender o imperativo ecológico. Escreva a seguir sobre o exemplo que você pesquisou.

_____

_____

_____

_____

b) Havia alternativas para evitar esse prejuízo? Quais? Anote-as a seguir e, depois, compartilhe suas respostas com os colegas e o professor.

_____

_____

_____

_____

_____

_____

_____

4 O SAGRADO NOS ALIMENTOS

1. Você conhece a manifestação cultural retratada nesta imagem? Em caso afirmativo, compartilhe com os colegas o que sabe a respeito dela.

2. Na sua opinião, o preparo de algum alimento pode ser considerado uma expressão religiosa? Por quê?

3. Você conhece algum alimento que esteja relacionado a alguma prática religiosa? Qual?

4. **SABER SER** Ao pensarmos nos momentos em que compartilhamos comida com outras pessoas, você acha importante desenvolver uma atitude altruísta? Por quê?

Amarildo Oliveira/ITUCUP/ Imagens

↑ Prato de tacacá preparado por tacacazeira tradicional de Manaus (AM). Foto de 2020.

PARA COMEÇO DE CONVERSA

Água e comida são essenciais para a vida. O momento das refeições é esperado e necessário; por essa razão, muitas instituições organizam suas atividades respeitando os horários em que as pessoas costumam se alimentar.

Você assistiu a alguma das animações da série *Kung Fu Panda*? Os filmes são protagonizados por Po, um urso panda que trabalha no restaurante de macarrão de sua família e sonha ser mestre de *kung fu*. Ao saber que vai herdar o restaurante, Po fica preocupado em conhecer o ingrediente secreto da sopa de macarrão, mas seu pai o tranquiliza dizendo que a receita corre nas veias da família e que, na hora certa, o segredo será revelado.

↑ Cena do filme *Kung Fu Panda 2* (2011), dirigido por Jennifer Yuh.

1 Em sua opinião, o que o pai de Po quis dizer ao afirmar que a receita corre nas veias da família e que na hora certa o segredo será revelado?

2 Pesquise uma receita especial que seja feita em sua família ou comunidade e, a seguir, responda:

a) Como essa receita é preparada? Registre os ingredientes e o modo de preparo no caderno.

b) Por que essa receita é considerada especial?

c) Há algum ingrediente ou modo de preparo que esteja relacionado à história de sua família? Em caso afirmativo, qual?

d) Quais outras receitas você considera especiais? Por quê?

↑ Roberto DaMatta no Rio de Janeiro (RJ). Foto de 2018.

CURIOSIDADE FILOSÓFICA

O antropólogo brasileiro Roberto DaMatta (1936-), em seu livro *O que faz o Brasil, Brasil?*, destaca a diferença entre alimento e comida:

> [...] Alimento é tudo aquilo que pode ser ingerido para manter uma pessoa viva, comida é tudo que se come com prazer, de acordo com as regras mais sagradas de comunhão e comensalidade.
> [...]
> Temos então o alimento e temos comida. Comida não é apenas uma substância alimentar, mas é também um modo, um estilo e um jeito de alimentar-se.
> [...]
> [...] A comida vale tanto para indicar uma operação universal – o ato de alimentar-se – quanto para definir e marcar identidades pessoais e grupais, estilos regionais e nacionais de ser, fazer, estar e viver.

Roberto DaMatta. *O que faz o Brasil, Brasil?* Rio de Janeiro: Rocco, 1986. p. 56.

• Com base na leitura desse texto, elabore no caderno um quadro comparativo estabelecendo as diferenças entre alimento e comida.

As comidas fazem parte do universo simbólico da maioria das tradições religiosas. O tipo de alimento e a maneira como ele é preparado e servido são alguns aspectos que expressam sentidos e características da identidade religiosa dos fiéis.

A culinária afro-brasileira, por exemplo, que pode ser apreciada em diversas comidas tradicionais da Bahia, está atrelada às religiões de matrizes africanas e é uma marca forte de nossa cultura.

O acarajé, uma das comidas típicas da Bahia, é feito de massa de feijão-fradinho, cebola e sal e preparado no azeite de dendê. Ele é servido com camarão seco, vatapá e caruru, um cozido de quiabo. Na foto, baiana vendendo acarajé, em Salvador (BA). Foto de 2018.

Zungus: nosso paladar africano

Há outra influência da culinária africana: a dos preparos. Eram as mulheres negras que no período colonial cozinhavam os mais diversos pratos, dando o seu toque – e a marca é o tempero forte – ao que se comia nas casas e nas ruas. Luís dos Santos Vilhena, professor de grego na Bahia no fim do século XVIII, escreveu: "Das casas mais opulentas desta cidade [...], acassás, acarajés, abarás, arroz de coco, feijão de coco, angus...".

O angu ocupou um lugar especial nessa história. Esse prato era vendido, no início do século XIX, em pontos fixos, como a praia do Peixe, no Rio, por negras que preparavam grandes caldeirões da iguaria. Depois, ele poderia ser misturado com guisados de carne de boi ou camarão. O ponto era local de encontro e diversão de escravizados e libertos, que ali organizavam batucadas e brincadeiras, quando lhes era permitido. Eram os zungus. Assim, a mão negra ia dando forma à cozinha brasileira.

Dirley Fernandes. *O que você sabe sobre a África?*: uma viagem pela história do continente e dos afro-brasileiros. Rio de Janeiro: Nova Fronteira, 2016. p. 90.

Comida de orixá

Nos cultos afro-brasileiros, a comida tem importante valor simbólico, relacionado às preferências e aos atributos de cada divindade. Os praticantes do candomblé fazem oferendas de comidas (ebós) para os orixás, dos quais recebem forças vitais. O diálogo com os orixás lhes permite encontrar essa energia vital, o axé.

As comidas são preparadas de modo especial, com toda a reverência, para serem oferecidas aos orixás e também aos integrantes da comunidade, fortalecendo, assim, os laços fraternos entre os seguidores do candomblé.

Em entrevista publicada em 1969, na revista *Manchete*, o artista Carybé, que você já conheceu neste volume, disse que o encanto da

> **ZUNGU:** no Rio de Janeiro colonial, cortiço ou pensão modesta, geralmente mantida por negros, onde se ofereciam pousada, refeições, música e práticas religiosas.

Bahia está na cozinha, isso porque, nesse estado, muitos consideram que as comidas são sagradas.

Na tradição do candomblé, cada orixá tem suas comidas preferidas. Veja, nesta aquarela de Carybé, o acarajé de Iansã.

Coleção Família Carybé. Fotografia: ID/BR

↑ Carybé. *Festa do acarajé de Iansã*. Aquarela sobre papel.

INVESTIGANDO

1 Leia o texto "Zungus: nosso paladar africano" e sublinhe os nomes de comidas afro-brasileiras que você identificar.

2 Faça uma pesquisa sobre a comida que mais despertou sua curiosidade e complete o quadro a seguir.

Nome da comida	Descrição
_____	_____
_____	_____
_____	_____

3 Busque informações sobre as comidas retratadas a seguir e identifique o orixá relacionado a cada uma delas.

Feijoada	Milho assado com melaço	Pipoca com dendê
Orixá: _____	Orixá: _____	Orixá: _____

Yuri Retoro/Acervo do fotógrafo — Rodrigo Fernandes/Acervo do fotógrafo — Yuri Retoro/Acervo do fotógrafo

EXPERIÊNCIAS RELIGIOSAS

A espiritualidade dos Guarani está fundamentada no respeito a todos os seres vivos. Os povos dessa etnia acreditam que a natureza tem alma e protege quem respeita o ambiente.

Na tradição do povo guarani, o milho tem significado muito especial. Além de ser a base alimentar da comunidade, é um alimento espiritual presente em um dos ritos religiosos mais importantes para esse povo. Anualmente, nas aldeias, é realizado o batismo do milho, chamado de *nhemongarai*, que acontece no tempo da colheita e durante o qual é anunciado o nome de cada criança da comunidade.

Para os Guarani, o nome de uma pessoa está relacionado à sua proteção. Ao descobrir seu espírito-nome (*nhe'e*), a pessoa fica protegida e ligada ao divino. No ritual do batismo, os pais levam para a casa de reza (*opy*) o *mbopaje*, comida preparada com farinha de milho e água e, depois, assada nas cinzas de uma fogueira.

Nessa tradição, o cultivo do milho tem função religiosa e social. Muitas comunidades buscam preservar as sementes nativas, garantindo a sabedoria do povo e a biodiversidade local.

Outro exemplo de prática religiosa guarani é o ritual que ocorre após a colheita da erva-mate. Antes de consumir a planta, algumas comunidades realizam uma celebração, chamada *ka'ai nhemongarai*.

Nesse ritual, os ramos de erva-mate são levados para a casa de reza, onde são abençoados. Para os Guarani, cada ramo representa uma pessoa. Durante o ritual, o líder espiritual fuma um cachimbo e sopra a fumaça sobre aqueles que estão na roda, em sinal de limpeza e proteção. Os anciãos contam ensinamentos da cultura desse povo, intercalando cantos e danças. Após o ritual, a erva-mate é tomada como chimarrão pela comunidade.

> **CHIMARRÃO:** bebida tradicional de culturas indígenas kaingang, guarani, aimará e quíchua. O chimarrão é preparado em uma cuia, na qual acrescentam-se erva-mate moída e água fervente, e sorvido com uma bomba.

Fabio Colombini/Acervo do fotógrafo

↑ Jovem indígena guarani mbya, da aldeia Kalipety, na cidade de São Paulo (SP), carrega espigas de milho. Foto de 2017.

Gerson Gerloff/Pulsar Imagens

↑ Casa de reza da aldeia guarani Tekoá Koenju, em São Miguel das Missões (RS). Nesse local, acontecem o ritual de batismo e as sessões de canto e dança; nele também são penduradas as ervas, que, após o ritual, são recolhidas e maceradas para a produção do chimarrão. Foto de 2019.

FIQUE SABENDO!

O **milho** é originário do continente americano e cultivado há mais de 7 mil anos como base da alimentação de povos da Mesoamérica e dos Andes. Os povos andinos consumiam milho de muitas formas: cozido em água, tostado ou moído e envolto na própria palha, como a pamonha brasileira.

Em países como Chile, Bolívia e, principalmente, Peru, são cultivados mais de cinquenta tipos de milho, com grãos amarelos, vermelhos, roxos, pretos, entre outros. Alguns alimentos feitos de milho nesses países são pouco conhecidos pelos brasileiros, como a *chicha morada*, um refresco à base de milho roxo (*maiz morado*) fervido com especiarias e frutas e servido frio ou gelado.

A lenda da erva-mate

Vamos conhecer a lenda da erva-mate?

Leia o texto abaixo com os colegas e o professor. Depois, identifique e sublinhe os aspectos simbólicos atribuídos a essa planta.

TAPERA: casa abandonada ou em ruínas, tomada pelo mato.

Um velho guerreiro, já adoecido e sem forças para continuar a acompanhar [seu povo], decidiu viver sozinho em uma tapera na mata. Yari, sua filha mais nova, não quis abandoná-lo. Então, contra a vontade dele, ela decidiu abrir mão de viver junto [a seu povo], casar-se e ter filhos, para cuidar de seu velho pai e não deixá-lo sozinho.

Um dia apareceu na tapera um pajé, que buscava um lugar para descansar. Na verdade, ele era um enviado do deus Tupã. O ancião pediu ao pajé que concedesse a ele forças e energia para que não atrapalhasse mais a vida da filha. Então, o pajé, com sua sabedoria, deu ao velho guerreiro uma planta de folhas verdes, e lhe ensinou que as folhas deveriam ser secadas ao fogo e trituradas, para que depois fosse feita uma infusão energizante.

Yari, por ter renunciado à sua vida e ter feito a escolha de cuidar do pai, foi recompensada por Tupã com a imortalidade. Foi transformada numa grandiosa árvore de erva-mate (*caá-yari*), que mesmo depois de cortada voltaria a brotar e a dar frutos, a mesma planta que o pajé deu ao seu pai para curá-lo. Assim, Yari se tornou a deusa dos ervais.

Jéssica K. R. Franco. A lenda guarani da erva-mate. *Gazeta Informativa*, 2 fev. 2018. Disponível em: http://www.gazetainformativa.com.br/a-lenda-guarani-da-erva-mate/#prettyPhoto. Acesso em: 17 mar. 2022.

Liniker Eduardo/ID/BR

1 Encontre uma pessoa que tenha o hábito de consumir algum alimento durante um ritual sagrado e pergunte a ela o significado desse costume. Registre no caderno os pontos principais de sua resposta.

2 Compartilhe oralmente com os colegas o que você descobriu ao responder à atividade anterior. Depois, elabore coletivamente um cartaz sobre o uso de alimentos nas práticas religiosas. Em seguida, afixe o cartaz no mural da escola.

Nesta unidade, vimos a riqueza simbólica de alimentos e de comidas nas tradições religiosas. Agora, vamos conhecer algumas regras e proibições ligadas aos alimentos e ao preparo deles.

Muitas religiões proíbem o consumo de certos alimentos, com base nos ensinamentos de textos sagrados e na tradição da comunidade.

Os muçulmanos são proibidos de comer carne suína (porco) e seus derivados, considerados impuros. O consumo de sangue também não é permitido, mesmo que o animal tenha sido abatido conforme o método islâmico.

Leia a seguir o trecho de um texto sobre a tradição religiosa islâmica e sublinhe os aspectos mais marcantes relacionados ao consumo de alimentos e de bebidas.

↑ Família muçulmana reunida durante refeição após o jejum do Ramadã, em Bangalore, no sul da Índia. Foto de 2020.

> Na medida em que o alimento pode influenciar a alma, o comportamento, a saúde moral e física do ser humano, como já foi comprovado por estudos científicos recentes, o Islã tornou obrigatório que o mesmo se preocupe em conhecer a origem daquilo que consome, isto é, saber se seu alimento é lícito e puro. Como um dos exemplos, temos o mandamento divino que estabelece que todas as bebidas alcoólicas [...] são ilícitas devido aos danos, corrupção e riscos que trazem aos indivíduos, família e sociedade.
>
> Por conseguinte, o Islã nos ordena que verifiquemos se aquilo que consumimos está em conformidade com a jurisprudência islâmica ou não. Tudo o que está em conformidade é denominado de "Halal", o oposto do que são os "Haram", ou seja, itens de consumo ilícito de acordo com a jurisprudência islâmica.

Gamal Fouad El Oumari. *Subsídios pedagógicos para o Ensino Religioso.* Informativo da Associação Inter-religiosa da Educação(Assintec), n. 42, set. 2017. Os alimentos sagrados nas religiões. Disponível em: http://www.ensinoreligioso.seed.pr.gov.br/arquivos/File/boletins_informativos_assintec/informativo_assintec_42.pdf. Acesso em: 8 mar. 2022.

Na tradição judaica também há restrições alimentares. Os judeus não comem frutos do mar, só peixes que têm escamas e barbatanas. A carne de porco é igualmente proibida, assim como é vetada a mistura de alimentos derivados de leite com alimentos derivados de carne. No abate dos animais cujo consumo é permitido, a prescrição judaica exige que o sangue seja separado da carne. Os judeus classificam os alimentos permitidos como *kosher* (ou *kasher*).

1 Busque informações sobre o processo de abate de animais para consumo conforme os preceitos das tradições muçulmana e judaica. Registre no caderno duas características desses processos, uma de cada religião.

2 Compartilhe suas respostas com os colegas e o professor e converse com eles sobre a seguinte questão: Em sua família ou na comunidade religiosa da qual participa, as pessoas seguem alguma restrição alimentar? Em caso positivo, qual?

Religião e vegetarianismo

Na tradição hinduísta, a alimentação é principalmente vegetariana, pautada na orientação de não ferir os seres vivos, pois acredita-se que matar animais para consumo é desnecessário.

Isso explica o respeito que os hindus têm pelas vacas, consideradas por eles sagradas e símbolos da maternidade, isto é, daquilo que permite a vida. Nessa tradição, os alimentos produzidos com leite de vaca são muito valorizados e utilizados em ritos de purificação e em oferendas.

Na tradição religiosa védico-vaishnava, mais conhecida como *hare krishna*, a alimentação é lactovegetariana. Um de seus principais alimentos é o *chapati*, um pão achatado, assado sem fermento, e consumido com molhos e outros alimentos. Para os fiéis, as comidas devem ser preparadas com devoção e respeito. Antes do consumo, elas são oferecidas ao deus Krishna, para que este conceda misericórdia e nutrição física e espiritual.

Outras tradições religiosas, como a doutrina Seicho-no-ie, ou "lar do progredir infinito", ensinam práticas para alcançar a perfeição por meio de uma alimentação natural. Nas cerimônias, são servidos arroz, frutas, água, sal, legumes e doces. Não se come carne vermelha para evitar o sofrimento dos animais e também para promover o cuidado com o ambiente. Atualmente, essa doutrina recomenda aos fiéis a alimentação orgânica.

A Igreja Messiânica Mundial do Brasil acredita que todos os alimentos vêm de Deus e, por isso, é preciso optar por comidas naturais e sem agrotóxicos.

A Fé Bahá'í, por sua vez, entende que todos os alimentos, quando saudáveis, são sagrados. Uma das epístolas de Bahá'u'lláh afirma que, no futuro, toda alimentação será vegetariana.

↑ Mulheres alimentando vacas, consideradas animais sagrados para os praticantes do hinduísmo, em Rajastão, na Índia. Foto de 2020.

LACTOVEGETARIANO: regime alimentar que exclui todos os tipos de carne e ovo, sendo permitido o consumo de leite e seus derivados.

↑ *Chapati*, tipo de pão muito comum na alimentação *hare krishna*.

b) Pesquise e dê exemplos da atuação de alguma tradição religiosa na causa socioambiental.

_____
_____
_____
_____
_____
_____
_____
_____

3 Muitas igrejas e comunidades religiosas apoiam a agroecologia como opção de vida, saúde e soberania alimentar. Busque informações sobre esse tema e responda às questões.

a) O que é agroecologia?

_____
_____
_____
_____

4 Compartilhe com os colegas e o professor os resultados de sua pesquisa.

ESPAÇO DE DIÁLOGO

A maioria das pessoas considera o pão um alimento essencial no dia a dia. As padarias abrem de manhã, bem cedo, possibilitando a todos o acesso a esse alimento tão popular e apreciado em muitos lugares do mundo.

Em várias religiões, o pão é um alimento sagrado, que remete a atitudes de partilha, companheirismo e fraternidade.

Entre os judeus, nas sextas-feiras à noite, o pão é abençoado durante uma celebração que marca o início do *shabat*, o dia mais sagrado para essa tradição religiosa.

Católicos, luteranos, presbiterianos e anglicanos, entre outros grupos cristãos, consideram o pão e também o vinho alimentos sagrados, os quais abençoam e partilham nas celebrações comunitárias. A Bíblia remete inúmeras vezes ao pão (o maná no deserto, a multiplicação dos pães, a Santa Ceia, etc.) e registra que as primeiras comunidades de cristãos se reuniam para partilhá-lo.

↑ Clérigo da Igreja ortodoxa sérvia dividindo o pão, um ato simbólico para os cristãos, com membros de sua congregação, na Bósnia e Herzegovina. Foto de 2012.

1 Seguindo o roteiro abaixo, entreviste uma pessoa adepta de alguma religião cristã.

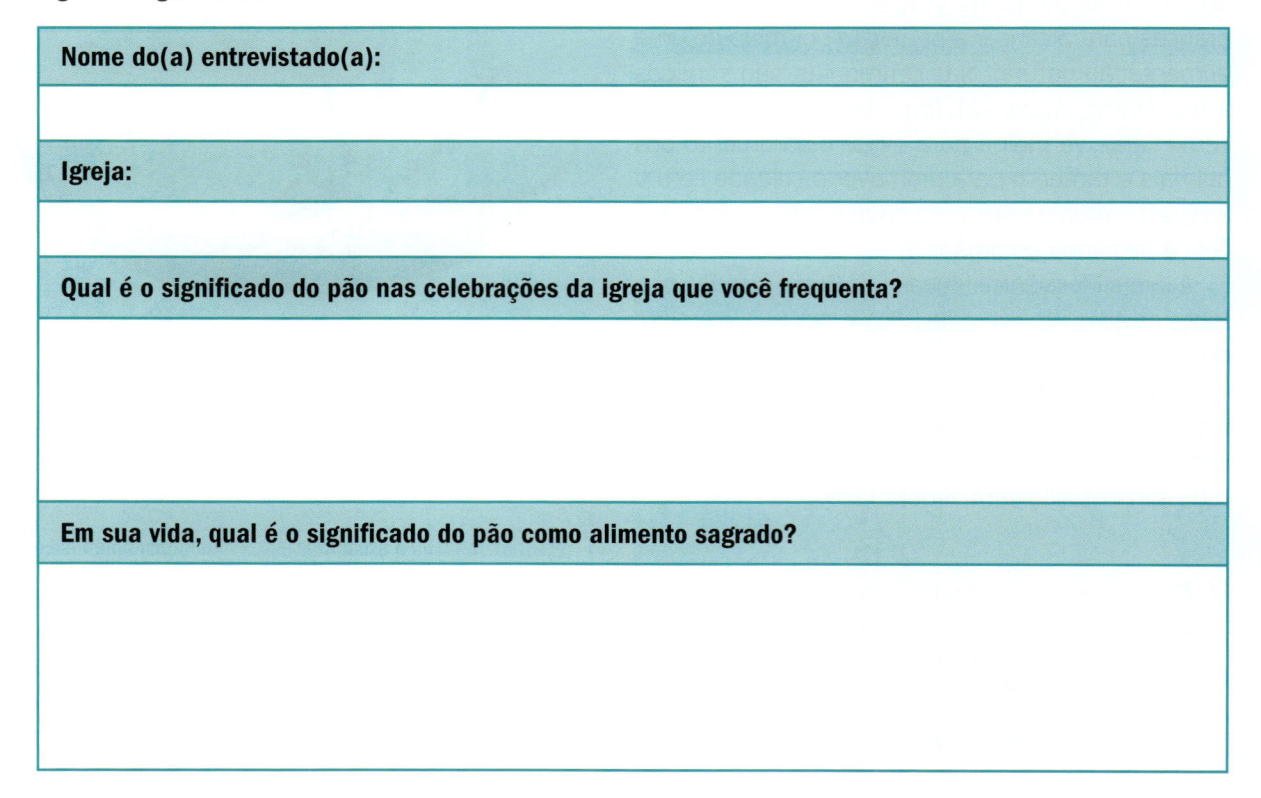

Nome do(a) entrevistado(a):

Igreja:

Qual é o significado do pão nas celebrações da igreja que você frequenta?

Em sua vida, qual é o significado do pão como alimento sagrado?

2 Converse com os colegas e o professor sobre as respostas obtidas na entrevista. Com base nelas, elaborem um cartaz com frases sobre o significado do pão como alimento sagrado. Cada frase deve estar acompanhada do nome da pessoa entrevistada e do nome da igreja que frequenta.

Pão e vinho: comunhão e partilha

É muito provável que os relatos das pessoas entrevistadas pela turma tenham revelado ideias e sentimentos de comunhão e partilha. Talvez você já tenha ouvido falar da Última Ceia, na qual Jesus apresenta aos apóstolos o pão como seu próprio Corpo e o vinho como seu próprio Sangue e os convida a comer e beber, pedindo que, em sua memória, perpetuem esse ato.

3 Leia abaixo um trecho do Evangelho de Lucas. Depois, converse com os colegas e o professor sobre os possíveis significados desse texto.

> Nesse mesmo dia, dois discípulos iam para um povoado, chamado Emaús, distante onze quilômetros de Jerusalém. Conversavam a respeito de tudo o que tinha acontecido. Enquanto conversavam e discutiam, o próprio Jesus se aproximou e começou a caminhar com eles. Os discípulos, porém, estavam como que cegos, e não o reconheceram. Então Jesus perguntou: "O que é que vocês andam conversando pelo caminho?" Eles pararam, com o rosto triste. Um deles, chamado Cléofas, disse: "Tu és o único peregrino em Jerusalém que não sabe o que aí aconteceu nesses últimos dias?" Jesus perguntou: "O que foi?" Os discípulos responderam: "O que aconteceu a Jesus, o Nazareno, que foi um profeta poderoso em ação e palavras, diante de Deus e de todo o povo. Nossos chefes dos sacerdotes e nossos chefes o entregaram para ser condenado à morte, e o crucificaram. Nós esperávamos que fosse ele o libertador de Israel, mas, apesar de tudo isso, já faz três dias que tudo isso aconteceu! É verdade que algumas mulheres do nosso grupo nos deram um susto. Elas foram de madrugada ao túmulo, e não encontraram o corpo de Jesus. Então voltaram, dizendo que tinham visto anjos, e estes afirmaram que Jesus está vivo. Alguns dos nossos foram ao túmulo, e encontraram tudo como as mulheres tinham dito. Mas ninguém viu Jesus."
>
> Então Jesus disse a eles: "Como vocês custam para entender, e como demoram para acreditar em tudo o que os profetas falaram! [...]".

Lc 24: 13-25

4 Com os colegas, observe a obra *Olhares de Emaús,* do artista italiano Sergio Ricciuto Conte. Em seguida, conversem sobre suas impressões.

5 Com base nas discussões da turma, faça uma releitura do texto que descreve o encontro dos discípulos com Jesus no caminho de Emaús, levando em conta a realidade social do bairro onde você mora. Essa releitura pode ser expressa por uma narrativa, um desenho, uma pintura ou por outra forma que mais lhe agradar.

6 Organize com os colegas e o professor uma exposição na escola para apresentar as produções da turma. Juntos, vocês vão escolher um título para a exposição e convidar a comunidade escolar para apreciar os trabalhos.

Sergio Ricciuto Conte/Acervo do artista

↑ Sergio Ricciuto Conte. *Olhares de Emaús*, 2014. Óleo sobre tela.

ATITUDES DE PAZ

A atitude e o gesto de agradecer pelos alimentos são práticas que as tradições religiosas têm cultivado ao longo do tempo.

Receber, preparar e servir os alimentos é um ritual cultural que marca a vida das famílias e das comunidades. O costume de sentar-se ao redor da mesa é um sinal de partilha e fraternidade e tem profundo significado para as pessoas que dividem sentimentos de hospitalidade, acolhida e amor.

Kleber Cordeiro/Shutterstock.com/ID/BR

↑ Família cristã agradecendo pelo alimento em celebração do Natal.

1 Converse com os colegas sobre as seguintes questões:

a) Qual é sua opinião sobre a atitude de agradecer pelos alimentos antes das refeições?

b) Você costuma agradecer pelos alimentos antes de comer? Em caso positivo, como agradece?

c) Você acha que todos deveriam agradecer pelos alimentos antes de consumi-los? Por quê?

d) De quais pessoas deveríamos nos lembrar nesse agradecimento?

2 Em casa, pergunte a seus pais ou responsáveis sobre a prática de agradecer pelos alimentos. Em seguida, responda:

a) Essa prática faz parte da tradição familiar? Quais palavras ou preces os familiares costumam dizer?

_____

_____

_____

_____

b) Caso sua família não tenha esse costume, qual é sua opinião sobre as pessoas e as famílias que praticam a tradição de agradecer pelos alimentos?

_____

_____

_____

_____

_____

_____

_____

_____

_____

_____

_____

3 Compartilhe oralmente com os colegas suas respostas às questões anteriores.

Compartilhar é um dever de todos

Como vimos, o ato de compartilhar o pão é repleto de significados para os cristãos, pois remete a atitudes de amor e solidariedade ao próximo.

Leia a seguir um trecho de uma mensagem do papa Francisco sobre esse assunto.

[...] Como se pode dar uma resposta palpável aos milhões de pobres que tantas vezes, como resposta, só encontram a indiferença, quando não a aversão? Qual caminho de justiça é necessário percorrer para que as desigualdades sociais possam ser superadas e seja restituída a dignidade humana tão frequentemente espezinhada? Um estilo de vida individualista é cúmplice na geração da pobreza e, muitas vezes, descarrega sobre os pobres toda a responsabilidade da sua condição. Mas a pobreza não é fruto do destino; é consequência do egoísmo. Portanto é decisivo dar vida a *processos de desenvolvimento* onde se valorizem *as capacidades de todos*, para que a complementaridade das competências e a diversidade das funções conduzam a um recurso comum de participação.

Mensagem do santo padre Francisco para o V Dia Mundial dos Pobres. Disponível em: https://www.vatican.va/content/francesco/pt/messages/poveri/documents/20210613-messaggio-v-giornatamondiale-poveri-2021.html. Acesso em: 17 mar. 2022.

4 Discuta com os colegas e o professor o significado dessa mensagem do papa Francisco.

5 Registre as ideias que mais chamaram sua atenção na discussão com a turma.

_____

_____

6 **SABER SER** Para aprofundar o assunto, organize com os colegas um seminário com o título: "Pão, fome e justiça". O objetivo é discutir a realidade do município onde vocês moram no que se refere à justiça social. Para isso, leia as orientações.

a) Forme um grupo de quatro a cinco integrantes. Juntos, levantem os possíveis temas, sempre considerando a realidade do município onde vocês moram. Vejam alguns exemplos:
- Pessoas em situação de rua.
- Pessoas na extrema pobreza.
- Ações de apoio às famílias em situação de vulnerabilidade social.
- Merenda escolar.
- Projetos sociais de igrejas ou ONGs.
- Desperdício de comida.

b) Escolhido o tema, pesquisem a respeito dele e elaborem uma apresentação. Depois, definam entre si o tempo de fala de cada grupo, de modo que o seminário seja realizado em um único dia, integrando todas as apresentações.

FIQUE LIGADO!

A pandemia que ninguém vê.
São Paulo: SP Invisível, 2021.

A obra apresenta o relato de 100 pessoas que não tiveram a opção de ficar em casa durante o período de isolamento social, adotado como uma das medidas de contenção da pandemia de covid-19. Além de profissionais da saúde, de cemitérios, de reciclagem e entregadores, há relatos de pessoas em situação de rua, foco de atuação da ONG SP Invisível, que atua desde 2014 na cidade de São Paulo.

O prefácio do livro foi escrito pelo padre Júlio Lancellotti, que atua diretamente com pessoas em situação de vulnerabilidade social na cidade de São Paulo. Reconhecido por suas iniciativas de enfrentamento à pobreza e à exclusão, o padre atuou fortemente durante a pandemia.

Andre Ribeiro/Futura Press

↑ Padre Júlio Lancellotti durante a Marcha contra a fome, na cidade de São Paulo (SP). Foto de 2021.

AMPLIANDO HORIZONTES

Nesta unidade, aprendemos sobre a importância da erva-mate para o povo guarani. Você sabia que no Sul do Brasil e em países como Argentina, Paraguai e Uruguai existe uma devoção popular à Nossa Senhora do Chimarrão?

Observe a imagem a seguir.

↑ Estátua de Nossa Senhora do Chimarrão, exposta na Sala Mariana, na Inspetoria Nossa Senhora Aparecida, em Porto Alegre (RS). Foto de 2019.

1 **SABER SER** Com mais dois colegas, pesquise a devoção à Nossa Senhora do Chimarrão. Anotem no caderno as curiosidades que descobrirem.

2 Gostou da pesquisa? Sabia que, no Brasil, além dos muitos devotos de Nossa Senhora Aparecida, há também quem seja devoto de Nossa Senhora da Amazônia, Nossa Senhora do Pantanal, Nossa Senhora do Cerrado, Nossa Senhora Rainha do Sertão, Nossa Senhora dos Seringueiros, entre outras? No lugar onde você mora, existe alguma devoção especial à Nossa Senhora? Converse com os colegas e o professor.

3 Complete a cruzadinha.

1. Tradição religiosa cujos seguidores fazem oferendas de alimentos para receber energia vital ou axé.

2. Na cultura indígena, é conhecida como a "deusa dos ervais".

3. Bebida sagrada na tradição judaica e nas igrejas cristãs.

4. Tipo de alimentação praticada pelos hinduístas.

5. Significado simbólico da vaca para os fiéis do hinduísmo.

6. Tradição religiosa que proíbe o consumo de bebidas alcoólicas a seus seguidores.

7. *Kosher* para os judeus e *halal* para os muçulmanos são alimentos ★★★★★★★★★.

8. Uma das comidas oferecidas ao orixá Ogum.

9. Prato típico da culinária afro-brasileira tradicionalmente oferecido a Iansã.

10. Nome pelo qual se conhece o lugar sagrado do povo guarani.

11. Tradição religiosa lactovegetariana que tem como um de seus principais alimentos o *chapati*.

12. Carne de animal que os judeus não comem.

13. Prática que promove a produção de alimentos sem agrotóxicos, valorizando a biodiversidade da natureza e a defesa da vida e da soberania alimentar.

14. Um dos alimentos sagrados para a tradição indígena guarani.

15. Tradição religiosa em que não se comem frutos do mar.

16. Seguidores de uma tradição religiosa cristã que considera o pão um alimento sagrado.

17. Tradição religiosa oriental que ensina seus seguidores a optar por uma alimentação natural.

18. Ritual conhecido como "batismo do milho", no qual são anunciados os nomes das crianças guaranis.

19. Celebrou a Última Ceia com seus discípulos.

20. Religião para a qual todos os alimentos, quando saudáveis, são sagrados.

PROJETO CIDADANIA

PARTIDA   REALIDADE   **AÇÃO**   CHEGADA

AS NOSSAS FESTAS

Nesta etapa do projeto, você e seu grupo terão o desafio de elaborar o relatório final da festa religiosa que inventariaram. Trata-se de um momento de sistematizar e analisar os dados que coletaram, compreendê-los e decidir a melhor forma de comunicá-los.

Para auxiliar nessa tarefa, leiam o trecho a seguir.

> Quando o assunto é patrimônio cultural, não existe apenas uma versão sobre as coisas. As pessoas podem ter diferentes informações sobre uma mesma referência cultural e, dependendo das suas relações com a referência, podem até ter visões contrárias sobre ela. Quanto mais informações e versões forem obtidas, mais profundo será o conhecimento sobre a referência, os seus significados e a importância para as pessoas.
>
> Sônia Regina Rampim Florêncio e outros. *Educação Patrimonial*: inventários participativos. Brasília-DF: Iphan, 2016. p. 15.

Relatório da festa religiosa

Apoiados na leitura das informações registradas nas fichas, organizem os dados em um único relatório. Vocês podem adotar como estrutura geral os mesmos tópicos da ficha.

Depois de concluírem o relatório, apresentem-no ao professor. Aproveitem a oportunidade para compartilhar as impressões do grupo e possíveis dúvidas que tenham surgido.

Socialização dos resultados

Com apoio do professor, organizem um seminário de apresentação dos relatórios.

Após concluídas as apresentações, conversem sobre a experiência de inventariar as festas religiosas de sua localidade/região, destacando curiosidades que descobriram ou informações relevantes que lhes despertaram a atenção.

Como divulgar?

Vocês recordam que, na primeira etapa do Projeto, comentamos sobre o valor da difusão do patrimônio cultural e destacamos que as pessoas buscam transmitir de geração em geração suas referências culturais?

A terceira etapa do projeto consiste em promover a divulgação das festas religiosas da localidade/região mediante produtos. Com a orientação do professor, definam a estratégia ou as técnicas que utilizarão para essa tarefa. Listamos, a seguir, algumas possibilidades de produtos.

- Exposição de fotografias, e desenhos ou de objetos, roupas, etc.
- *Folder* com calendário ilustrado das festas.
- Vídeos ou animações.
- Contação de histórias ou teatro de sombras.
- Programas de rádio ou uma série de *podcasts*.
- Histórias em quadrinhos.
- Acervos sobre as festas religiosas.
- Mapas e maquetes.

Para definirem a divulgação, utilizem como referência principal as informações que sistematizaram no relatório. Vocês podem aproveitar também as várias imagens, filmagens, gravações sonoras, anotações que produziram durante a experiência do inventário. Caso usem relatos ou imagens de pessoas, não se esqueçam de solicitar a autorização delas para o uso de imagem e/ou vídeo.

Após a definição e a execução do produto, apresentem-no ao professor para ele verificar a proposta e as informações. Caso seja necessário, façam ajustes para garantir a qualidade do produto.

Joinles/ID/BR

5 LÍDERES RELIGIOSOS

1 Você conhece a mulher retratada neste grafite? Você a considera uma líder? Por quê?

2 Quais outras lideranças femininas você conhece? Em quais áreas elas atuam?

3 Quem são as lideranças existentes em sua comunidade? Compartilhe com os colegas o que sabe da história e da atuação desses líderes.

4 SABER SER Em sua opinião, o que faz um bom líder? Quais são as principais características que um líder deve ter?

Keena Sparks and Matthew B. King/Acervo dos artistas

↑ Mural de bell hooks feito pelos artistas Keena Sparks e Mathew B. Kin, em Berea, Kentucky, terra natal de hooks, nos Estados Unidos. Foto de 2020.

☀ PARA COMEÇO DE CONVERSA

A liderança é um aspecto muito importante na vida e no desempenho de um grupo, de uma comunidade e de um país. Um bom líder influencia positivamente as pessoas e as encoraja a alcançar resultados cada vez melhores, desenvolvendo seus conhecimentos, capacidades, atitudes e valores.

1 Leia a charge e responda à questão: Como você solucionaria o problema de liderança do grupo?

2 Converse com os colegas e o professor sobre a questão. Depois, aponte três características que a turma considera necessárias para ser um bom líder. Registre em seu caderno, por ordem de importância.

Charge de Willtirando, 2011. →

CURIOSIDADE FILOSÓFICA

↑ Sonia Guajajara em evento sobre a questão ambiental na Faculdade de Direito da USP, em São Paulo (SP). Foto de 2019.

Sônia Guajajara é brasileira, indígena e propõe novas formas de inserção da população indígena, especialmente das mulheres indígenas, em diversos setores da sociedade brasileira.

Ela atua em movimentos sociais, em ONGs e associações que se mobilizam na defesa dos direitos indígenas e de novas formas de compreender a relação entre o humano e o ambiente, sob a perspectiva das leis e das relações políticas.

Ser mulher indígena no Brasil é você viver um eterno desafio, de fazer a luta, de ocupar os espaços, de protagonizar a própria história. Historicamente foi dito para nós que a gente não poderia ocupar determinados espaços. Por muito tempo as mulheres indígenas ficaram na invisibilidade, fazendo somente trabalhos nas aldeias, o que não deixa de ser importante, porque o trabalho que a gente exerce nas aldeias sempre foi esse papel orientador. Só que chega um momento que a gente acredita que pode fazer muito mais do que isso, que a gente pode também estar assumindo a linha de frente de todas as lutas.

Katia Marko e Fabiana Reinholz. Sônia Guajajara comemora a liderança das mulheres indígenas na luta por direitos. *Brasil de Fato*, 9 jun. 2020. Disponível em: https://www.brasildefato.com.br/2020/06/09/povos-indigenas-vivem-momento-traumatico-afirma-sonia-guajajara. Acesso em: 10 mar. 2022.

1 Reflita sobre a fala de Sônia e sublinhe os trechos que considera importantes para definir essa líder indígena.

2 Por que é preciso que pessoas assumam lugares de liderança em movimentos sociais e em outras causas coletivas?

POR DENTRO DA HISTÓRIA

Um líder religioso tem a função de preservar e repassar os ensinamentos religiosos aos fiéis. Seu papel de orientar os seguidores da tradição religiosa e a comunidade exige conhecimento da doutrina, uma vida de fé e de oração e atitudes carismáticas que animem os fiéis com mensagens de esperança.

Conheça, a seguir, dois tipos de líder de tradições religiosas diferentes.

Ialorixá

No Brasil, ialorixá, ou mãe de santo, é o nome dado à sacerdotisa-chefe da maioria das comunidades de candomblé e de umbanda. Da mesma forma, há o pai de santo, babalorixá ou babalaô. Ambos têm a responsabilidade de transmitir os ensinamentos da tradição religiosa.

Nas tradições afro-brasileiras, a mãe de santo e o pai de santo conduzem os rituais, fazem a intermediação com os orixás, interpretam a vontade dos santos e a comunicam a seus filhos. A ialorixá e o babalorixá são administradores do terreiro e atuam como canais para que os orixás se manifestem, cumprindo um papel importante nos ritos de iniciação.

Um exemplo desse tipo de liderança é a Mãe Menininha do Gantois, nome com que Maria Escolástica da Conceição Nazaré se tornou conhecida. Ela nasceu e viveu em Salvador, Bahia, de 1894 a 1986. Iniciada no candomblé aos 8 anos de idade, assumiu a chefia do terreiro do Gantois em

↑ Mãe Menininha do Gantois, líder religiosa do candomblé, em foto de 1980.

1922. Admirada por sua sabedoria e gentileza, Mãe Menininha teve papel fundamental na difusão e na popularização do candomblé na Bahia. Foi amiga e conselheira espiritual de personalidades como o escritor Jorge Amado, o poeta Vinicius de Moraes, o compositor Dorival Caymmi e o artista Carybé, além de ter sido muito procurada por estudiosos interessados em informações sobre as tradições religiosas afro-brasileiras.

Sadhu

O *sadhu* é o líder espiritual do hinduísmo. É considerado um homem sábio, que segue os ensinamentos de divindades como Shiva, Vishnu e Durga. Além disso, é um místico, um monge andarilho que pratica o desapego material e as virtudes prescritas em sua tradição religiosa.

Os *sadhus* levam na testa uma marca (*tilaka*) que os identifica como pessoas que buscam a verdade suprema. Na tradição hinduísta, acredita-se que a transmissão espiritual da energia

↑ *Sadhu* no templo de Pashupatinath, em Katmandu, no Nepal. Foto de 2022.

ocorre por meio do solo, por isso muitos seguidores tocam ou lavam os pés dos *sadhus*.

A sabedoria dos líderes

Na página anterior, você conheceu dois tipos de líderes religiosos. Agora, que tal buscar informações sobre líderes de outras tradições religiosas?

INVESTIGANDO

1 Faça uma pesquisa sobre características de líderes de outras religiões. Anote os resultados obtidos no caderno.

Lama

↑ Jamyang Sakya, lama do budismo tibetano em Los Angeles, nos Estados Unidos.

Clarence Williams/Los Angeles Times/Getty Images

Arcebispo católico

↑ John C. Wester, arcebispo católico de Santa Fé, nos Estados Unidos. Foto de 2019.

Greg Sorbe/Albuquerque Journal/ZUMA Press/Imageplus

Rabina

↑ Sharon Kleinbaum, rabina da congregação Beth Simchat Torah, em protesto contra a violência na cidade de Nova York, nos Estados Unidos. Foto de 2016.

Erik McGregor/LightRocket/Getty Images

Arcebispo anglicano

↑ John Sentamanu, arcebispo anglicano de York, em cerimônia religiosa na cidade de York, na Inglaterra. Foto de 2018.

Lynne Cameron/PA Wire/ZUMA Press/Imageplus

2 Com base nas pesquisas, identifique e anote no caderno três características comuns a líderes de diferentes tradições religiosas.

FIQUE SABENDO!

A Wicca, tradição religiosa que se originou na Inglaterra, na primeira metade do século XX, recebeu grande influência das ideias de contracultura da década de 1960 e do feminismo estadunidense, o que motivou diversos adeptos da religião a aliarem suas práticas ao ativismo social e ambiental, como a sacerdotisa **Starhawk**. Ela iniciou na Califórnia o movimento *Reclaiming* (que em tradução livre significa "reivindicar"). Nesta vertente, enfatiza-se o culto a uma divindade feminina relacionada à Terra, à Lua e aos seus ciclos, e o ativismo político, social e ecológico é considerado uma forma de prática religiosa e de expressão espiritual.

Dedda71/CC BY 3.0

Starhawk, sacerdotisa wicca e ecoativista. → Foto de 2007.

EXPERIÊNCIAS RELIGIOSAS

Jesus nasceu e viveu no contexto da cultura e da religião judaicas. Ele sempre teve respeito pelas pessoas e pela sociedade de seu tempo, mas criticou atitudes de alguns grupos, como o dos fariseus.

No tempo de Jesus, o doutor da lei era o rabi, palavra em hebraico que significa "professor", "mestre". Os doutores se caracterizavam por observar rigorosamente as leis, ensinar um grupo seleto de discípulos e explicar as Escrituras na sinagoga.

Jesus também teve muitos seguidores e comentou as Escrituras na sinagoga. Entretanto, foi bem diferente dos doutores da lei em vários aspectos, pois:

- ensinava ao ar livre, para todos que desejassem ouvir;
- dirigia-se às pessoas simples e marginalizadas;
- incluía mulheres entre seus seguidores;
- acolhia e se relacionava com pessoas consideradas, então, pecadoras;
- ia ao encontro das pessoas, visitando-as em casa, partilhando o pão e convivendo com elas;
- recebia todos com compaixão e ternura e atuava em prol da saúde;
- apresentava a Casa do Pai como um lugar de partilha, misericórdia e celebração.

> **FARISEU:** grupo religioso judaico, surgido no século II a.C., que vivia na estrita observância das Escrituras que fundamentam a religião.
> **SINAGOGA:** local onde os judeus se reúnem para o culto e as preces.

A mensagem dos Evangelhos

Os judeus esperavam por um enviado de Deus, o Messias, que anunciaria sua mensagem, denunciaria as injustiças e daria esperança ao povo. Jesus mostrou que as profecias se cumpririam nele.

Os Evangelhos contam que Jesus ensinava com autoridade e proclamava Deus um pai que ama profundamente seus filhos, os acolhe e os perdoa quando se arrependem.

Na época, os seguidores de Jesus ficaram maravilhados, pois ele praticava aquilo que ensinava. Muitos acreditaram que ele era o Messias esperado; mas perceberam que Jesus não era um líder político em busca de poder, mas, sim, alguém que estava ali para servir, com humildade e sem violência.

Liniker Eduardo/ID/BR

Quem foi Jesus de Nazaré?

Você conheceu alguns aspectos da vida e das atitudes de Jesus. Vamos pesquisar mais esse assunto?

1 Pesquise algumas informações sobre Jesus Cristo, escolha uma atitude característica de seu comportamento e busque uma passagem da Bíblia que a confirme. Registre abaixo as informações.

Atitude de Jesus:
Texto bíblico:
Síntese do relato bíblico:

2 Agora, responda às questões:

a) O que mais chama sua atenção nesse comportamento de Jesus?

_____

_____

_____

_____

b) Você considera possível seguir o exemplo de Jesus nos dias atuais? Justifique.

_____

_____

_____

FIQUE SABENDO!

No dia 29 de março de 2018, o papa Francisco presidiu a missa vespertina de Quinta-feira Santa em um presídio da cidade de Roma, Itália. Nessa ocasião, ele praticou o **ritual do lava-pés**, recordando o que Jesus ensinou a seus discípulos sobre o serviço ao próximo.

O ato de lavar os pés de presidiários, realizado pelo papa Francisco, remete a ações e pregações de Jesus que se encontram no cerne do cristianismo, como o amor ao próximo e o perdão.

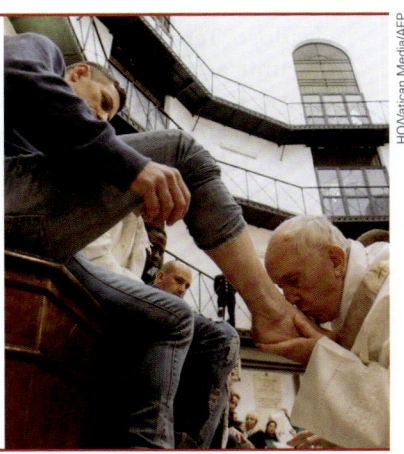

Papa Francisco beija os pés dos internos do presídio → Regina Coeli, em Roma, na Itália. Foto de 2018.

HO/Vatican Media/AFP

CONEXÕES

No livro *O monge e o executivo*, o escritor James Hunter apresenta nos princípios da boa liderança na história de John Daily, um empresário de aparente sucesso, mas que está vivendo uma grande crise pessoal. A personagem sente que está falhando em todas as áreas de sua vida: como empresário, como marido e como pai.

Mas tudo muda quando John participa de um retiro sobre liderança em um mosteiro beneditino. Para sua surpresa, o irmão Simeão, que conduz o retiro, é um ex-executivo bastante reconhecido no mercado financeiro. Simeão leva John a perceber que a base da verdadeira liderança não é o poder, mas, sim, o conhecimento, fundamentado nas relações com os outros, no amor, na humildade, na tolerância e na capacidade de servir.

- Leia um trecho do livro e sublinhe aquilo que você considerar mais importante.

↑ Capa do livro *O monge e o executivo*, de James Hunter.

– Bom dia. Sou o irmão Simeão. Nos próximos sete dias terei o privilégio de compartilhar alguns princípios de liderança que mudaram minha vida. [...] Então, aprenderemos uns com os outros nesta semana porque [...] creio firmemente que juntos somos muito mais sábios do que cada um sozinho, e juntos faremos progressos nesta semana. Estão prontos?

[...]

Simeão pediu que cada um [...] se apresentasse brevemente e dissesse as razões que o levaram a participar do retiro.

Meu companheiro de quarto – Lee, o pregador – se apresentou primeiro, seguido por Greg, um jovem sargento do Exército bastante vaidoso. Teresa, de origem hispânica, diretora de uma escola pública, falou a seguir, e depois Chris, uma mulher negra, alta e atraente, treinadora do time de basquete da Universidade Estadual de Michigan. Uma mulher chamada Kim apresentou-se antes de mim, mas eu não ouvi o que ela disse. Estava muito ocupado pensando no que diria a meu respeito quando fosse minha vez de falar.

Quando ela terminou, Simeão olhou para mim e disse: – John, antes de começar, eu gostaria de pedir-lhe que resumisse para nós o que Kim falou a respeito de seus motivos para estar participando do retiro.

O pedido me chocou, [...] Realmente, eu não tinha ouvido uma única palavra do que Kim dissera na apresentação.

– Estou constrangido por ter de admitir que não ouvi muito do que ela disse – gaguejei baixando a cabeça. – Peço desculpas a você, Kim.

– Obrigado por sua honestidade, John – Simeão respondeu. – Ouvir é uma das habilidades mais importantes que um líder pode escolher para desenvolver. Falaremos mais sobre isso esta semana.

[...]

– Tenho boas e más notícias para vocês hoje – continuou Simeão. – A boa notícia é que eu lhes estarei dando as chaves da liderança nos próximos sete dias. Como cada um de vocês exerce o papel de líder, acredito que esta seja uma boa notícia. Lembrem-se de que sempre que duas ou mais pessoas se reúnem com um propósito, há uma oportunidade de exercer a liderança. A má notícia é que cada um de vocês deve tomar decisões pessoais sobre a aplicação destes princípios a suas

a) **SABER SER** Com base na leitura do texto e nos trechos que você sublinhou, destaque três características essenciais para o exercício da liderança e anote-as no caderno.

b) Troque ideias com um colega sobre as características destacadas e sobre o significado da pergunta final que John fez a Simeão. Anote a conclusão da dupla no caderno.

c) Entreviste uma pessoa que exerça papel de liderança em uma igreja ou comunidade religiosa: pergunte o nome da pessoa, a religião que pratica, o tipo de liderança que exerce. Depois, faça as perguntas a seguir e anote as respostas no caderno.

- Pergunta 1: Você poderia citar os três aspectos que considera mais importantes no exercício de sua liderança na igreja?
- Pergunta 2: Você acredita que sua liderança influencia as pessoas a participar das atividades da igreja ou da comunidade religiosa? Poderia dar um exemplo?

d) Compartilhe com os colegas e o professor os resultados da pesquisa e analise as respostas considerando o trecho de *O monge e o executivo*, que leu anteriormente.

---

vidas. Exercer influência sobre os outros, que é a verdadeira liderança, está disponível para todos, mas requer uma enorme doação pessoal. É pena que a maioria dos cargos de liderança assuste as pessoas por causa do grande esforço necessário.

Meu companheiro de quarto, o pregador, levantou a mão para falar e Simeão fez que sim com a cabeça. – Eu notei que você usa muito as palavras líder e liderança e parece evitar gerente e gerência. É de propósito?

– Boa observação, Lee. Gerência não é algo que você faça para os outros. Você gerencia seu inventário, seu talão de cheques, seus recursos. Você pode até gerenciar a si mesmo. Mas você não gerencia seres humanos. Você gerencia coisas e lidera pessoas.

O irmão Simeão levantou-se, caminhou em direção ao quadro, escreveu *liderança* e nos pediu que o ajudássemos a definir a palavra. Após vinte minutos chegamos consensualmente a esta definição:

Liderança: é a habilidade de influenciar pessoas para trabalharem entusiasticamente visando atingir os objetivos identificados como sendo para o bem comum.

Simeão voltou para sua cadeira e observou: – Uma das palavras-chave é que definimos liderança como uma habilidade, e eu concordei com isso. Uma habilidade é simplesmente uma capacidade adquirida. Afirmo que liderança – influenciar os outros – é uma habilidade que pode ser aprendida e desenvolvida por alguém que tenha o desejo e pratique as ações adequadas. A segunda palavra-chave de nossa definição é influência. Se liderar é influenciar os outros, como desenvolver essa influência? Como levar as pessoas a fazer o que desejamos? Como receber suas ideias, confiança, criatividade e excelência, que são, por definição, dons voluntários?

– Em outras palavras – interrompi –, é saber como o líder consegue envolver as pessoas do "pescoço para cima" em vez da antiga ideia de "nós só queremos você do pescoço para baixo". É isso o que você quer dizer, Simeão?

James C. Hunter. *O monge e o executivo:* uma história sobre a essência da liderança. Tradução de Maria da Conceição Fornos de Magalhães. São Paulo: Sextante, 1989. p. 22-25.

ESPAÇO DE DIÁLOGO

Tradições religiosas afro-brasileiras, como o candomblé e a umbanda, reconhecem a importância do papel das mulheres, principalmente nos terreiros. Em muitos casos, as mulheres assumem a liderança das comunidades e oferecem um testemunho de identidade que desperta a atenção e a admiração dos participantes. Elas dão continuidade à tradição oral, repassando suas vivências e contando as histórias, o que contribui para manter vivo o legado cultural e religioso.

Líderes religiosas têm se destacado também nos espaços de militância política, protagonizando lugar de fala na luta contra o preconceito, a intolerância religiosa, o machismo e o racismo. Muitas delas são referência para outras mulheres, que se sentem atraídas às religiões de matriz africana como fonte de acolhimento físico e espiritual.

1 Leia a seguir alguns depoimentos de mulheres que exercem ou exerceram liderança em religiões de matriz africana e sublinhe os aspectos que considerar marcantes. Depois, converse com os colegas e o professor sobre as ideias que você destacou.

↑ Mãe Stella de Oxóssi (1925-2018) iniciou sua função religiosa em 1976. Na foto, Mãe Stella prestigia o lançamento do canal de *streaming* "Da cabeça de Mãe Stella", em Salvador (BA). Foto de 2017.

> O que nós pregamos, sempre, é o respeito mútuo. O importante é que não existam agressões. [...] Existem pessoas que frequentam o terreiro e que vão à igreja, e isso é normal. Quando falei da questão do sincretismo, me referia ao fato de não se misturar as obrigações. Como, por exemplo, fazer sua obrigação para o orixá e ir à igreja porque sincretizou o orixá com um santo. [...] A nossa maior preocupação é que o ser humano se sinta bem, se realize. Se isso acontece frequentando as duas crenças, melhor para ele.
>
> Semira Adler Vainsencher. Mãe Stella de Oxóssi. Disponível em: http://semiraadlervainsencher. blogspot.com/2009/05/mae-stella-de-oxossi.html. Acesso em: 8 jun. 2022.

> As Mulheres de Terreiro são as curadoras da matriz civilizatória do conhecimento afrodiaspórico e compõem este trabalho com suas ações, escritos e falas de resistência ao genocídio negro – do ponto de vista corporal, cultural e intelectual. Este "ativismo de resistência" demonstra-se no comportamento cotidiano, nas subjetividades e transcendências, nos modos de significação das tradições das matrizes africanas. Essas mulheres resistem, até os dias de hoje, preservando em seus corpos a memória ancestral dos seus antepassados.
>
> Janine Maria Viegas Cunha. (Nina Fola). *Poder e política sob o ponto de vista das mulheres de terreiro no Rio Grande do Sul*. 2020. Dissertação (Mestrado em Sociologia) - Instituto de Filosofia e Ciências Humanas, Universidade Federal do Rio Grande do Sul, Porto Alegre, 2020. Disponível em: https://www.lume.ufrgs.br/handle/10183/211437. Acesso em: 4 abr. 2022.

↑ Nina Fola, mestra em Sociologia e praticante de batuque, no Salão de Atos da UFRGS, em Porto Alegre (RS). Foto de 2018.

Ialorixá Winnie Bueno, praticante de batuque no terreiro Ilê Ialorixá Iemanjá, em Pelotas (RS).

Eu saio de turbante na rua, quando eu saio com as minhas contas, já é o suficiente para estar sob o alvo de alguma situação de violência. Pra além de ser mulher, pra além de ser negra, o fato de ser ialorixá também me coloca com mais força no mundo, com certeza, mas também me coloca em situações de vulnerabilidade social mais aprofundadas. [...] O terreiro para a negritude tem essa importância de identidade, de um reforço identitário muito forte.

Aline Silveira e outras. A mulher nas religiões de matriz africana. *JorDi*, 162, 2016. Disponível em: https://www.ufrgs.br/jordi/162-raizes/militancia-e-religiao/. Acesso em: 11 mar. 2022.

2 Forme um grupo com mais três colegas para pesquisar a respeito da liderança feminina em outras religiões. Cada grupo vai pesquisar a participação das mulheres em uma religião específica e anotar as informações no espaço a seguir. Depois, os grupos devem apresentar os resultados obtidos aos colegas da turma.

_____

_____

_____

_____

_____

_____

_____

_____

_____

_____

_____

FIQUE LIGADO!

Extraordinárias: mulheres que revolucionaram o Brasil. Duda Porto de Souza e Aryane Cararo. São Paulo: Seguinte, 2018.

A obra apresenta, de forma sucinta, aspectos importantes de histórias de 44 mulheres que impactaram o Brasil em diversas áreas, como ciências, artes, direitos humanos e política.

É um livro que pode ser lido integralmente ou escolhendo personalidades avulsas. Cada história acompanha uma ilustração assinada por artistas mulheres.

Pode ser utilizado como fonte de pesquisa ou de consulta para o desenvolvimento de trabalhos temáticos na escola. É uma leitura muito interessante!

ATITUDES DE PAZ

No decorrer desta unidade, conhecemos vários líderes religiosos. Para aprofundar a discussão do tema, vamos nos voltar ao testemunho de algumas lideranças e de pessoas que, embora não atuem como líderes, se destacam pelo protagonismo social em prol do bem comum e do cuidado com a natureza.

- Observe a seguir fotos de pessoas que se destacam por sua liderança. Quais delas você conhece? O que você sabe a respeito delas? Converse com os colegas e o professor.

↑ Martin Luther King Jr. por volta de 1967.

Martin Mills/Getty Images

↑ Malala Yousafzai em painel no Fórum de Doha, no Catar. Foto de 2022.

Ammar Abd Rabbo/MOFA/Doha Forum/AFP

↑ Paulo Freire no Rio de Janeiro (RJ), em 1997.

O Dia/Futura Press

↑ José Mujica em sessão do senado uruguaio, em Montevidéu, Uruguai. Foto de 2020.

Ernesto Ryan/Getty Images

↑ Nelson Mandela em sua casa, em Joanesburgo. Foto de 2010.

Debbie Yazbek/AFP

↑ Rigoberta Menchú em coletiva de imprensa na cidade de Carcavelos, em Portugal. Foto de 2017.

Horacio Villalobos/Corbis/Getty Images

↑ Chico Mendes extraindo látex de árvore em Xapuri (AC). Foto de 1988.

Carlos Ruggi/Estadão Conteúdo

↑ Maria da Penha em evento sobre direitos das mulheres em Fortaleza (CE). Foto de 2013.

Reprodução/Arquivos IMP

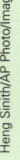

↑ Aung San Suu Kyi, no Camboja. Foto de 2022.

Heng Sinith/AP Photo/Imageplus

Círculo de Pessoas do Bem

- Que tal escolher uma das personalidades da página anterior para aprofundar a pesquisa? Forme um grupo com dois ou três colegas. Cada grupo deve escolher uma personalidade e seguir as orientações abaixo.

Primeiro passo

Pesquise a história de vida da pessoa escolhida e a causa humanitária pela qual ela se destaca ou se destacou.

Utilize textos, filmes, áudios, etc. O importante é conhecer em profundidade as características dessa personalidade.

Segundo passo

Crie um roteiro para apresentar a causa humanitária defendida pela liderança escolhida e escreva-o abaixo. O roteiro deve ser escrito em primeira pessoa, como se a própria personalidade relatasse os fatos. Não é necessário contar toda a vida da pessoa – destaque alguns aspectos principais, garantindo uma apresentação de pelo menos cinco minutos.

Terceiro passo

Distribua as tarefas entre os colegas de grupo. Defina como serão o figurino, a música e os objetos de cena necessários para a apresentação.

Quarto passo

Com o professor, organize as apresentações. O evento pode ser chamado de **Círculo de Pessoas do Bem**, e a ideia é apresentar, com muita criatividade e originalidade, a história e a atuação das personalidades pesquisadas. O formato de círculo ou roda permite que todos participem das apresentações, interagindo e aprendendo com os colegas.

_____

_____

_____

_____

_____

_____

_____

_____

_____

_____

AMPLIANDO HORIZONTES

Nesta unidade, vimos o papel de alguns líderes religiosos em diferentes tradições e conhecemos também pessoas que se destacam como protagonistas de movimentos pela paz, pela justiça e pelo cuidado com a natureza.

1 Com base nas dicas a seguir, complete a cruzadinha com os nomes de líderes que você conheceu.

1. Apelido do seringueiro e ativista político brasileiro que defendeu a floresta e os povos da Amazônia.
2. Pastor protestante estadunidense que defendeu os direitos civis dos negros, proclamando a não violência. Seu discurso "Eu tenho um sonho..." marcou o mundo.
3. Primeiro presidente negro da República da África do Sul, o qual se destacou na luta contra o *apartheid* e a discriminação racial.
4. Presidente uruguaio conhecido como o presidente mais pobre do mundo; destacou-se por sua política democrática e defensora dos direitos humanos.
5. Educador brasileiro que lutou por uma educação democrática e participativa.
6. Primeiro nome da ativista que lutou pela democracia em Myanmar, destacando-se por sua resistência pacífica diante do poder opressor.
7. Primeiro nome da ativista que disse: "Um livro, uma caneta, uma criança e um professor podem mudar o mundo".
8. Líder indígena da Guatemala, defensora dos direitos humanos.
9. Brasileira cujo nome inspirou a criação de uma lei que condena a violência doméstica contra a mulher.

2 SABER SER Você já ouviu falar no Museu da Pessoa? Leia o texto abaixo para conhecer essa instituição.

O Museu da Pessoa é um museu virtual e colaborativo. Está aberto a toda e qualquer pessoa que queira registrar e compartilhar sua história de vida. [O] acervo reúne quase vinte mil delas, sem contar as fotografias, documentos e vídeos. [...]

O Museu da Pessoa acredita que valorizar a diversidade cultural e a história de cada pessoa como patrimônio da humanidade é contribuir para a construção de uma cultura de paz. [É] um museu aberto e colaborativo que transforma histórias de vida em fonte de conhecimento, compreensão e conexão entre pessoas e povos.

[...]

No Museu da Pessoa, além de **visitante**, toda pessoa pode tornar-se **parte do acervo** ao registrar a história da sua vida, assim como também ser um **curador**, na medida em que pode criar suas próprias **coleções de histórias**, imagens e vídeos.

Museu da Pessoa. Disponível em: https://acervo.museudapessoa.org/pt/museu-da-pessoa. Acesso em: 14 mar. 2022.

Atf Ribeiro/Folhapress

↑ Painel nas instalações do Museu da Pessoa, na cidade de São Paulo (SP). Foto de 2019.

a) Em sua opinião, iniciativas como a do Museu da Pessoa, que registram narrativas de pessoas comuns, são importantes? Por quê?

b) Qual história sua ou de sua família ou comunidade você gostaria que fosse registrada para a posterioridade? Por quê?

c) Acesso o *site* do museu (disponível em: https://museudapessoa.org/. Acesso em: 29 abr. 2022), escolha e ouça uma das narrativas apresentadas na seção "Histórias". Em seguida, responda no caderno: O que você aprendeu com essa história?

PROJETO CIDADANIA

PARTIDA › REALIDADE › AÇÃO › CHEGADA

DIVULGANDO O TRABALHO

Neste projeto, você e os colegas de turma realizaram a curadoria de referências culturais das festas religiosas do lugar onde vivem. Agora, é o momento de compartilhar o resultado desse trabalho.

Com o apoio do professor, organizem a estratégia de divulgação dos produtos que elaboraram. Dependendo do que cada grupo produziu, definam uma ação comum para a divulgação de todos os trabalhos. É importante que essa etapa final seja vivenciada como uma proposição da turma.

Para auxiliar na tarefa de divulgação, respondam às questões a seguir:

- Quando será a divulgação?

_____

- Em qual espaço ela ocorrerá?

_____

- Serão feitos convites?

_____

- Qual é a responsabilidade dos grupos nessa etapa?

_____

- Como acompanhar a experiência de divulgação?

_____

- Como registrar a participação e as possíveis impressões das pessoas que acessarem e/ou frequentarem o espaço?

_____

- Quais pessoas que apoiaram a tarefa do inventário e/ou participaram ativamente com seus relatos serão convidadas?

_____

- Quais autoridades civis e religiosas locais, lideranças, animadores, entre outras personalidades serão convidadas?

_____

- Após a divulgação, onde os produtos serão compartilhados para o acesso permanente de consulta?

_____

Avaliação dos resultados

Após a experiência de divulgação, em uma roda de conversa, compartilhe suas percepções respondendo às seguintes perguntas:

- O que mais chamou sua atenção neste projeto? Por quê?
- Como foi a experiência de inventariar as festas religiosas do local/região onde vive?
- De qual etapa do trabalho você mais gostou? Por quê?
- Antes deste projeto, você conhecia as propostas de preservação, valorização e difusão do patrimônio cultural, como as do Iphan e/ou de outra instituição local ou regional? Percebeu a importância de conhecê-las? Justifique sua resposta.
- O que você aprendeu com este projeto?
- Como você relaciona este projeto com sua formação cidadã?

Autoavaliação

Para avaliar seu desenvolvimento ao longo do projeto, complete a tabela a seguir.

Objetivos	Sim	Parcialmente	Não
Identifico as festas religiosas como bens culturais do patrimônio local ou regional?			
Percebo o valor das referências culturais que as festas religiosas significam para as pessoas que delas participam?			
Sei descrever as características de uma ou mais festas religiosas de minha localidade ou região?			
Compreendo que preservar, valorizar e difundir o patrimônio cultural é uma atitude de cidadania que posso exercitar?			

Considerando a proposta realizada neste Projeto cidadania, defina um objetivo para o próximo ano e liste as ações e atitudes que pretende realizar para alcançá-lo.

- Meu compromisso

_____
_____
_____
_____
_____
_____
_____

6 O DIÁLOGO ENTRE AS RELIGIÕES

1 Você gosta de conversar com alguém em especial? Por quais motivos?

2 Em sua opinião, o que é necessário para estabelecer um diálogo?

3 Você considera o diálogo entre pessoas que praticam diferentes tradições religiosas importante? Por quê?

4 SABER SER Você acredita que seja possível discordar de uma pessoa sem que essa discordância se torne desentendimento ou briga? Explique.

Ring for Peace/Christian Flemming

Cerimônia de abertura da Conferência do Concílio Mundial de Líderes Religiosos sobre fé e diplomacia: gerações em diálogo em frente ao *Anel pela paz*, escultura em madeira feita por Gisbert Baarmann, em Lindau, na Alemanha. A escultura, às margens do lago da Constança, é considerada um ponto de encontros e celebrações multirreligiosas. Foto de 2021.

PARA COMEÇO DE CONVERSA

É provável que você já tenha ouvido a expressão "dialogar é uma arte". Quando refletimos sobre as atitudes e os aspectos envolvidos em uma conversa, notamos que, para estabelecer diálogo, há algumas habilidades que são imprescindíveis, como saber ouvir, escutar com atenção, compreender o que o outro diz e expressar-se com clareza.

- Observe esta escultura de Franz Weissmann intitulada *Diálogo* e converse com os colegas e o professor: O que você acha que essa obra expressa? Por que o artista teria escolhido esse título?

↑ Franz Weissmann. *Diálogo*, 1979. Chapa de aço. Escultura localizada na praça da Sé, no centro de São Paulo (SP). Foto de 2020.

FIQUE SABENDO!

Franz Weissmann (1911-2005) nasceu na Áustria e se mudou para o Brasil aos 11 anos de idade. Ele criou várias obras grandiosas, expostas ao ar livre em locais públicos da cidade de São Paulo, como o Museu de Arte Moderna, a praça da Sé, o Memorial da América Latina e o parque da Luz. O ponto em comum entre suas obras é o caráter geométrico.

↑ Emmanuel Lévinas. Foto de 1993.

CURIOSIDADE FILOSÓFICA

Emmanuel Lévinas (1906-1995), filósofo francês de origem lituana, é autor de uma reflexão ética sobre a relação entre os sujeitos. O conceito de alteridade é a base do comportamento ético e promove a cultura de paz. Para Lévinas, o reconhecimento do outro está relacionado diretamente ao nosso próprio eu. A relação com o outro nos questiona, nos responsabiliza. No livro *Entre nós: ensaios sobre a alteridade*, ele afirma:

> **O encontro com Outrem é imediatamente minha responsabilidade por ele**. A responsabilidade pelo próximo é, sem dúvida, o nome grave do que se chama amor do próximo, amor sem Eros, caridade, amor em que o momento ético domina o momento passional, amor sem concupiscência.

Emmanuel Lévinas. *Entre nós*: ensaios sobre a alteridade. Petrópolis: Vozes, 2005. p. 143.

- Converse com os colegas e o professor sobre o conceito de responsabilidade. Depois, explique a frase destacada.

O cristianismo originou-se como uma fé minoritária, há cerca de 2000 anos, na região atualmente conhecida como Oriente Médio. A partir de lá, expandiu-se para outros continentes e, por volta do século IV, tornou-se a religião oficial do Império Romano. Nos séculos seguintes, o cristianismo se expandiu ainda mais e tornou-se a principal instituição religiosa e política da Europa e da América. Atualmente, não é mais a principal instituição política desses continentes, mas permanece como a vertente religiosa com maior número de adeptos em todo o mundo.

Nesse processo, o cristianismo passou por duas grandes divisões: o Cisma entre a igreja Católica Apostólica Romana e a Igreja Ortodoxa, no século XI, e a Reforma Protestante, entre os séculos XV e XVI. Apesar disso, católicos, ortodoxos e protestantes fazem parte da grande família dos cristãos, e a separação entre esses grupos é contrária aos ensinamentos de Jesus; por isso, muitas igrejas cristãs promovem ações a favor da unidade entre seus seguidores.

O Concílio Vaticano II reforçou o compromisso da Igreja católica com o trabalho ecumênico, afirmando que todos os cristãos são irmãos de fé e acreditam no mesmo Deus. Portanto, muitos consideram que seja mais importante ressaltar as crenças comuns do que enfatizar os motivos de afastamento.

Um projeto de amor solidário

Leia o texto a seguir e sublinhe as ideias que considerar principais.

Reprodução/Acervo pessoal

↑ Marcelo Barros, monge beneditino, escritor e comunicador social que trabalha pela unidade das igrejas e das tradições religiosas.

Atualmente, tanto as ciências como as mais antigas tradições da humanidade concordam: o que constitui o ser humano é a capacidade de amar e ser solidário. [...] Antigas tradições espirituais, como o budismo, ensinam que a solidariedade é vocação e a natureza mais profunda do ser humano. [...]

Na tradição judaica e cristã, o homem e a mulher são criados à imagem e semelhança de Deus. Como Deus é Amor, o ser humano é feito fundamentalmente de amor e para o amor. As religiões e tradições espirituais deveriam dar exemplo dessa abertura de diálogo umas com as outras e serem instrumentos de educação da humanidade para o amor e a convivência. No entanto, por motivos históricos e institucionais, elas têm dificuldades de dialogar e, mais ainda, de colaborar com as melhores causas da humanidade.

Na América Latina, a religião cristã veio da Europa junto com os espanhóis e portugueses e foi parte fundamental do projeto colonizador que submeteu os índios, tomou suas terras e proibiu que negros e índios expressassem suas culturas e praticassem suas religiões. Até hoje, em todo o Brasil, a cada dia, terreiros de candomblé e de umbanda são atacados por grupos que dizem agir em nome do Cristo e do Evangelho. Enquanto isso, deputados que se denominam evangélicos atacam direitos humanos, se juntam aos que defendem armamento e querem destruir a natureza para o agronegócio e a mineração. **Como, nessa situação, praticar e fortalecer um diálogo verdadeiro entre as religiões?**

Raimon Panikkar foi um dos maiores teólogos cristãos do século XX. Era filho de uma espanhola com um hindu. Por isso, viveu o diálogo entre as religiões na própria família. Ele ensinava que, para dialogar com o diferente, é preciso, antes de tudo, que cada um de nós pratique um diálogo interior, no próprio coração. Só quando vivemos o diálogo dentro de nós, nos tornamos capazes de vivê-lo nas relações sociais e na luta pacífica para mudar o mundo.

No Brasil formado por irmãos e irmãs de tantas raças e culturas, o diálogo entre as religiões visa transformar a sociedade. Precisa ir além de dogmas e de cultos. Tem de assumir as causas de justiça da sociedade e colaborar para que ninguém seja discriminado ou sofra pelo fato de ser diferente, seja por raça, identidade de gênero ou sexo, seja em qualquer outro nível. O projeto espiritual é proclamar a dignidade humana e divina de todo ser humano e demonstrar que, juntos, na diversidade que Deus nos deu, formamos a semente de uma humanidade nova. Assim, as religiões e as tradições espirituais têm como missão unir a humanidade para realizar o projeto divino de uma humanidade reconciliada e em comunhão com a Terra e a natureza.

Marcelo Barros. Texto elaborado e cedido pelo autor para esta coleção.

INVESTIGANDO

1 Observe a imagem e, em seguida, responda às questões.

Arthur Duarte/ID/BR

a) Quem é a personagem à direita?

_____

b) Que grupos representam as pessoas que estão discutindo?

_____

_____

2 Com base na discussão apresentada na imagem, responda: Em sua opinião, quais são as principais causas que limitam ou impedem o diálogo entre os cristãos?

_____

_____

3 Releia a pergunta em destaque no texto de Marcelo Barros e converse com os colegas e o professor. A seguir, faça o que se pede.

a) Como você responderia à pergunta em destaque no texto? Registre sua resposta no caderno.

b) Forme um grupo com mais três colegas para buscar informações sobre atividades ou manifestações de diálogo entre as religiões na cidade onde vocês vivem. Depois, elaborem um cartaz informativo com os resultados da pesquisa.

EXPERIÊNCIAS RELIGIOSAS

Nas diversas tradições religiosas, encontramos diferentes percepções de Deus e das manifestações do sagrado. O diálogo inter-religioso contribui para conhecermos e compreendermos melhor cada tradição religiosa, aprendendo com os valores específicos de cada uma delas, além de reafirmar a importância do respeito a todas as religiões

Essa atitude nos permite afirmar o testemunho comum do valor da experiência religiosa diante de aspectos como o consumismo. E também promove o trabalho conjunto em prol da justiça e da paz mundial, rejeitando toda e qualquer discriminação ou violência entre as diferentes religiões.

1 Leia, a seguir, um trecho de um discurso proferido pelo papa Bento XVI, em 2007.

> No respeito das diferenças das várias religiões, todos somos chamados a trabalhar pela paz e por um compromisso real para promover a reconciliação entre os povos. Este é o autêntico "espírito de Assis", que se opõe a qualquer forma de violência e ao abuso da religião como pretexto para a violência. Perante um mundo lacerado por conflitos, onde por vezes se justifica a violência em nome de Deus, é importante reafirmar que as religiões nunca se podem tornar veículos de ódio; nunca, invocando o nome de Deus, se pode chegar a justificar o mal e a violência. Ao contrário, as religiões podem e devem oferecer recursos preciosos para construir uma humanidade pacífica, porque falam de paz ao coração do homem.

Discurso do santo padre aos chefes religiosos na aula magna do seminário episcopal de Capodimonte. Disponível em: https://w2.vatican.va/content/benedict-xvi/pt/speeches/2007/october/documents/hf_ben-xvi_spe_20071021_incontro-napoli.html. Acesso em: 16 mar. 2022.

a) Agora, utilizando duas canetas de diferentes cores, sublinhe com uma cor os trechos que remetem à promoção do diálogo inter-religioso e com outra cor os trechos que se referem à negação desse diálogo.

b) Responda no caderno: Para você, que medidas podem ser tomadas para promover o diálogo inter-religioso?

2 Converse com os colegas e o professor sobre os desafios à promoção do diálogo inter-religioso. Depois, faça o que se pede.

a) Em grupo com mais três colegas, pesquise de que modo os encontros são relevantes para que o respeito e a cooperação entre as religiões sejam alcançados.

b) Selecione com o grupo um ou dois encontros como exemplos e, com os colegas, elabore cartazes para apresentá-los à turma.

Sven Hoppe/AFP

↑ Papa emérito Bento XVI em Munique, na Alemanha. Foto de 2020.

Acordo contra a escravidão

Em dezembro de 2014, líderes religiosos judeus, muçulmanos, ortodoxos, anglicanos, católicos, budistas e hindus se reuniram no Vaticano, com o papa Francisco, para assinar a Declaração Conjunta dos Líderes Religiosos contra a Escravidão Moderna. Após esse movimento inter-religioso, já aconteceram oito assinaturas da Declaração Conjunta dos Líderes Religiosos Contra a Escravidão Moderna. A última delas, em 2021, foi o Documento de Acra, assinado por 14 líderes religiosos de quatro países da África: Gana, Costa do Marfim, República Democrática do Congo e Nigéria.

Essa causa humanitária em defesa da vida é um testemunho do diálogo entre as religiões. Veja as declarações de alguns líderes religiosos.

↑ Líderes religiosos após a assinatura da declaração contra a escravidão moderna, no Vaticano. Foto de 2014.

São nossos irmãos, irmãs, filhos, filhas que são explorados: nesta era de globalização, o que acontece a um acontece a todos nós.

Venerável Bhikkuni Thich Nu Chan Khong

Papa Francisco e líderes religiosos assinam acordo contra a escravidão. *G1*. Mundo. Disponível em: http://g1.globo.com/mundo/noticia/2014/12/papa-francisco-e-lideres-religiosos-assinam-acordo-contra-escravidao.html. Acesso em: 16 mar. 2022.

← Venerável Bhikkhuni Thich Nu Chan Khong, líder espiritual do budismo vietnamita, em Hue, no Vietnã. Foto de 2022.

[...] a escravidão é o pior insulto que pode ser cometido contra Deus. Portanto, qualquer pessoa que acredita na existência de um poder superior deve acordar e dizer não à escravidão, não à escravização dos seres humanos. Porque o divino habita em todo coração, em todo o mundo.

Sua Santidade Sri Ravi Shankar

A fé unida contra a escravidão moderna: a Declaração conjunta dos líderes religiosos contra a escravidão moderna. Global Freedom Network, 2 dez. 2014. Disponível em: https://cdn.globalfreedomnetwork.org/content/uploads/2018/08/08104430/Events-Summary-Booklet-180517_PT-digital.pdf. Acesso em: 16 abr. 2022.

Sua Santidade Sri Ravi Shankar, líder espiritual indiano, em Dubai, → nos Emirados Árabes Unidos. Foto de 2018.

3 Pesquise dados sobre as formas modernas de escravidão e a situação do tráfico humano no mundo. Anote no caderno as informações que encontrar.

4 Compartilhe com os colegas os resultados obtidos. Depois, em grupo com mais três colegas, elabore um cartaz com as informações pesquisadas e exponha-o em um mural na sala de aula.

CONEXÕES

Na seção anterior, vimos que a aproximação e o diálogo entre as religiões são essenciais para promover causas humanitárias. No entanto, no universo religioso, há também pessoas e grupos que expressam atitudes de intolerância religiosa.

Sabemos que a liberdade religiosa ou de crença é um direito fundamental de todo ser humano e deve ser respeitada. A violação desse direito, considerada crime em diversos países, é um desrespeito à dignidade humana. Lamentavelmente, manifestações de intolerância religiosa ainda persistem em muitos lugares do mundo, inclusive no Brasil.

Custodio Coimbra/Agência O Globo

← Manifestantes durante a 12ª Caminhada contra a intolerância religiosa, no Rio de Janeiro (RJ). Foto de 2019.

1 Em grupo com mais quatro colegas, pesquise informações e reportagens sobre a intolerância religiosa no Brasil e registre-as abaixo. Com base nos dados obtidos, elabore um cartaz com gráficos que expressem essa realidade nos últimos cinco anos e apresente os resultados à turma. Depois, exponha o cartaz em um mural na escola.

_____

_____

_____

_____

_____

_____

_____

2 Com o mesmo grupo, procure, em jornais e revistas, reportagens sobre casos de intolerância religiosa ocorridos no Brasil recentemente. Imprima as manchetes e uma imagem de cada notícia, especificando o local e a data. Em seguida, com os demais grupos, organize em um grande mapa essas informações por região.

3 **SABER SER** Após ter realizado as atividades anteriores e ter se informado mais sobre a intolerância religiosa no Brasil, forme dupla com um colega e, juntos, respondam:

a) Na opinião de vocês, por que existe intolerância religiosa?

_____

_____

_____

_____

b) Quais são as causas desse tipo de intolerância?

_____

_____

_____

c) A intolerância religiosa pode ser justificada por aqueles que a praticam? Por quê?

_____

_____

_____

d) Compartilhem suas respostas com outras duplas e o professor e troquem ideias sobre o tema.

4 Leia o texto a seguir e, depois, responda às questões.

O primeiro episódio da [...] série do National Geographic, *Explorer Investigation* [Investigação minuciosa] [...], analisa a atual onda de intolerância religiosa que se vive no Rio de Janeiro, Brasil, onde, durante 2017, foram registrados 800 atos de agressão, sofridos em sua maioria por seguidores de religiões afro-brasileiras como o candomblé e a umbanda.

Episódio de estreia de *Explorer Investigation* aborda intolerância religiosa no Brasil. *National Geographic*. Disponível em: https://www.nationalgeographicbrasil.com/nat-geo-canal/2018/09/episodio-de-estreia-de-explorer-investigation-aborda-intolerancia-religiosa-no-brasil#:~:text=O%20primeiro%20epis%C3%B3dio%20da%20nova,maioria%20por%20seguidores%20de%20religi%C3%B5es. Acesso em: 13 maio 2022.

a) No primeiro episódio dessa série, um jovem aparece segurando um boné com a seguinte frase: "Bíblia sim, Constituição não". Como você interpreta essa mensagem? Você concorda com ela? Por quê?

_____

_____

_____

b) Que relações você estabelece entre o tema da série e o que temos estudado nesta unidade?

_____

_____

FIQUE LIGADO!

Em nome de Deus. Direção: Luiz Ferraz. Brasil, 2018.

Nesse episódio da série *Explorer investigation*, produzido pelo portal *Vice* em parceria com a *National Geographic*, que pode ser encontrado em diversas plataformas de *streaming*, o apresentador Well Amorim investiga relações de intolerância e relações de diálogo entre matrizes religiosas distintas.

ESPAÇO DE DIÁLOGO

O diálogo é uma dimensão fundamental da cultura de paz. Dialogar pressupõe aprender a escutar e expressar-se com clareza e honestidade.

É necessário estar aberto para ir ao encontro do outro, ou seja, aproximar-se dele adotando uma postura de tolerância e demonstrando o desejo de compartilhar a experiência do diálogo.

1 Com o auxílio do professor, você e os colegas vão fazer um mapeamento da diversidade religiosa da cidade ou do bairro onde fica a escola. Leia as orientações.

Primeiro passo

Formem grupos com alguns colegas e, juntos, providenciem o mapa da cidade ou do bairro dividido em regiões.

Segundo passo

Cada grupo vai escolher uma região e pesquisar as manifestações religiosas relacionadas a ela. Para isso, consultem informações divulgadas pelas secretarias estaduais ou municipais de turismo e de cultura, agências de turismo e *sites* de viagem. Se possível, agendem visitas ou utilizem páginas da internet para visitar virtualmente os locais pesquisados e assistir a algumas manifestações religiosas.

Terceiro passo

Organizem as informações obtidas, conforme as orientações do professor. Para demarcar os lugares pesquisados, cada grupo deve criar um símbolo ou ícone de cada local. O objetivo é, ao final, reunir em um grande mapa os dados coletados pelos grupos, a fim de fazer um mapeamento da diversidade religiosa da cidade ou do bairro onde fica a escola.

Quarto passo

Combinem uma data para realizar a montagem do mapa geral. Após a montagem, cada grupo vai apresentar à turma os lugares pesquisados, apontando suas principais características e curiosidades.

dikobraziy/iStock/Getty Images

Compartilhar experiências de diálogo

Nesta unidade, tratamos da experiência de diálogo que as religiões buscam concretizar e fortalecer no dia a dia. A busca pela unidade, a luta pela justiça e a cultura de paz têm sido apelos sociais frequentes no testemunho das tradições religiosas.

2 Agora, que tal participar da criação de um vídeo para promover uma mensagem de paz? Leia as orientações.

a) Forme um grupo com três colegas e pesquise na internet movimentos que promovem a cultura de paz. Busque textos ou vídeos que mencionem escolas que já desenvolveram atividades sobre o assunto. Salve o que encontrar de mais significativo com relação ao envolvimento dos alunos e, também, à criatividade da proposta.

b) Converse com os colegas sobre os resultados da pesquisa.

c) Reúna-se com o grupo para produzir um vídeo de, no máximo, dois minutos de duração. O vídeo deve apresentar propostas de atitudes concretas para promover uma cultura de paz no bairro e na cidade onde vocês vivem. Sob a orientação do professor, vocês podem escolher alguns temas, como:

- Incentivar a participação nos espaços públicos, posicionando-se a favor da vida e do reconhecimento da dignidade de todos.
- Motivar o respeito pelas diferentes manifestações religiosas.
- Sensibilizar a comunidade para o respeito aos direitos das pessoas com deficiência.
- Incentivar práticas de solidariedade para com os mais necessitados.
- Estimular o cuidado dos bens naturais, considerando-os um direito de todos, inclusive das futuras gerações.
- Sensibilizar as pessoas para a preservação dos bens culturais, entre eles os bens religiosos, evitando sua depreciação.
- Despertar o interesse por outras tradições religiosas além da própria, a fim de favorecer o respeito e o diálogo entre as religiões.

d) Depois, compartilhem o vídeo produzido nos canais de mídia da escola.

Liniker Eduardo/ID/BR

ATITUDES DE PAZ

Vimos que, para promover o diálogo inter-religioso, é importante conhecer melhor e compreender as tradições religiosas. Com essa intenção, que tal convidar as pessoas que moram com você para visitar um espaço sagrado que não pertença à tradição religiosa seguida por sua família? Pode ser um templo, uma igreja, uma mesquita, um terreiro ou mesmo um monumento no bairro ou na cidade.

Visitantes do templo Zulai, dedicado à prática → e ensinamento do budismo Chan e Terra Pura, em Cotia (SP). Foto de 2019.

1 Escolha um local para visitar e, após a visita, anote no caderno as características que chamaram a sua atenção. Depois, descreva esse local nas linhas abaixo.

> **Lugar visitado:** _____
>
> **Religião a que se refere o lugar visitado:** _____
>
> **Data da visita:** _____ **Horário:** _____
>
> **Descrição e características do lugar visitado:** _____
>
> _____

2 No espaço abaixo, faça um desenho que o represente.

3 Compartilhe com os colegas e o professor como foi sua visita em família, descrevendo o local visitado.

Vamos organizar uma roda de diálogo?

Em outubro de 2021, na cidade do Vaticano, foi realizado o Encontro Fé e Ciência: rumo à Cop26. Na ocasião, vinte e dois representantes religiosos, jovens e cientistas reuniram-se para, entre outras coisas, discutir a importância da unidade e do diálogo entre as religiões para o cuidado com o planeta.

4 Com os colegas e sob a orientação do professor, organize na escola uma roda de diálogo, com a presença de religiosos, membros de organizações não governamentais, grupos culturais, associações de moradores, entre outros. Para isso, leia as orientações.

- Juntos, definam um tema para dinamizar a roda de diálogo. É importante que o tema escolhido seja próximo da realidade dos participantes (alunos, comunidades de bairro, do município, etc.)
- Organizem equipes de trabalho e distribuam as responsabilidades para garantir o sucesso do evento. Algumas sugestões:

Equipe de animação
Conduzirá a roda de diálogo, apresentando os participantes e fazendo a mediação entre eles.

Equipe de comunicação
Responsável por fotografar, filmar e escrever textos sobre o evento.

Equipe de ambientação
Responsável pela escolha, decoração e organização do espaço onde ocorrerá o evento.

Equipe de divulgação
Encarregada de criar cartazes e divulgar o evento em mídias impressas e digitais.

Equipe de acolhida
Encarregada de receber os convidados e preparar um brinde para os participantes.

5 Após o evento, é importante que a turma faça uma avaliação da atividade, relatando como foi a experiência de diálogo e a participação nas equipes de trabalho. Registre suas impressões abaixo e, depois, compartilhe-as com os colegas.

_____

_____

_____

_____

AMPLIANDO HORIZONTES

Nesta unidade, destacamos a importância do diálogo entre as religiões e percebemos que a cultura do diálogo se constrói com base em atitudes de respeito e solidariedade, que se agregam para construir um mundo melhor.

As religiões são convidadas a criar pontos de diálogo em defesa da vida, da natureza e, em especial, das pessoas mais desfavorecidas.

1 Nesta tabela, há diversas palavras que se relacionam ao tema estudado. Use ao menos doze delas para escrever em seu caderno uma mensagem que ressalte a importância do diálogo entre as religiões e os perigos do fanatismo e do fundamentalismo religioso.

paz	confiança	comum	justiça
religiões	diversidade	encontro	cooperação
diálogo	fanatismo	respeito	fundamentalismo
ecumenismo	entendimento	enfrentamento	influência
unidade	intolerância	sincretismo	convivência

2 Leia o texto bíblico Romanos (capítulo 12, versículos 1 a 9) e, em seguida, faça o que se pede.

a) Escreva, no quadro abaixo, oito dos conselhos que São Paulo dá aos cristãos de Roma.

1	
2	
3	
4	
5	
6	
7	
8	

b) Converse com os colegas e o professor sobre o significado de cada conselho que você anotou.

c) Que conselhos você acredita que São Paulo daria aos cristãos do século XXI? Escreva três conselhos abaixo.

_____

_____

_____

_____

3 **SABER SER** Leia a letra da canção "Intolerância", escrita por Marcelo Bonfá, e observe com atenção as palavras que formam a figura.

Arthur Duarte/ID/BR

A vingança é a mãe da estupidez
E a intolerância é mãe de vidas perdidas
A ignorância é mãe de guerras sem fim
Pensem nas outras mães
Há um medo e contra ele
A violência encontrará conforto
Há o certo e há o torto
Desde cedo já o confronto
Deus sempre esteve em silêncio
Mas nem por isso calado
Nosso destino deixa pegadas disformes

Nossas palavras tão cheias de esquecimento
O desafio agora é perceber
Onde estão precisando de nós
Estamos juntos numa sala escura
E os fantasmas rondam à luz do dia
A ficção assiste a verdade
Não há ingressos nem poltronas vazias
Destruir é melhor que criar
Futilidades demais nesta vida
Nós somos livres pra escolher

Marcelo Bonfá. Intolerância. Intérprete: Marcelo Bonfá. Em: *Bonfá + Videotracks*. São Paulo: EMI Music, 2004. 1 CD. Faixa 1.

a) Em sua opinião, qual é a mensagem dessa canção?

_____

_____

_____

_____

b) Se possível, escute a canção com os colegas e o professor e, depois, compartilhe o que você interpretou da letra.

{ QUEM SOU EU?

QUEM SOU EU?

Este jogo é sobre pessoas que inspiram, que são admiradas pelo que fizeram ou fazem, pela forma como pensaram e pensam, pelo que decidiram e decidem fazer. O objetivo é descobrir as histórias delas e curtir suas experiências.

Essas personalidades – ativistas, lideranças, profissionais, pessoas do povo – nos ensinam e nos inspiram a construir a justiça social e a cultura de paz!

Vamos começar?

Para construir o jogo

 **1**

Com base nos conhecimentos de vocês e no que aprenderam no decorrer dos estudos de Ensino Religioso, bem como de outros componentes curriculares, escolham no mínimo 25 pessoas que protagonizaram ações em prol do bem comum. Procure escolher pessoas de idades e lugares diferentes, que atuem em diferentes áreas.

Pesquisem informações sobre cada uma dessas pessoas e elaborem 25 cartas iguais para cada jogador, conforme modelo disponível na página 101. Antes de imprimir, revisem as cartas, verificando as informações e o texto. No verso delas, usem uma imagem padronizada, com um logotipo ou o nome do jogo.

 **2**

 **3**

Confeccionem uma estrutura de papelão ou de outro material resistente na qual serão dispostas as cartas das personalidades. A estrutura pode ser decorada como vocês quiserem (vejam exemplo na página 102).

4 Elaborem o manual de instruções para os jogadores. Uma ideia é seguir as dicas apresentadas na página 103 e acrescentar o que mais considerarem pertinente.

Como criar as cartas?

Txai Suruí

(1997 -)

Nacionalidade: Brasileira (Paiter-Suruí)

Dica 1: Destaca-se pela sua liderança na defesa dos direitos dos povos indígenas no Brasil.

Dica 2: É reconhecida pelo seu ativismo na área da justiça climática e proteção da floresta.

Dica 3: Seu pai recebeu o prêmio Herói da Floresta da ONU.

Frente

Escolha uma fotografia da pessoa
É importante que as fotografias usadas nas cartas sigam um padrão. Sugere-se que sejam fotos de busto e de uma qualidade que permita explorar características físicas do retratado.

Escreva o nome da pessoa

Insira data de nascimento e morte
Caso a pessoa não tenha falecido, deixar conforme o exemplo.

Escreva a nacionalidade
Caso a personalidade escolhida tenha dupla nacionalidade ou não resida no país em que nasceu, poderão ser incluídas essas informações.

Dê dicas sobre a pessoa
Recomenda-se que as dicas correspondam a curiosidades ou informações sobre os motivos ou acontecimentos que marcaram a vida da pessoa como alguém que fez o bem. Para garantir a dinâmica do jogo, sugere-se que sejam apresentadas ao menos três dicas.

Também podem ser incluídas falas ou ideias pelas quais a pessoa ficou conhecida.

QUEM SOU EU?

Ilustrações: Victor Beuren/ID/BR

Verso

Para o verso das cartas, criem uma imagem padronizada, que pode ser um logotipo ou o próprio nome do jogo.

Como fazer a base do jogo?

Depois de elaborarem as cartas, construam as bases do jogo: serão duas, uma para cada jogador.

A base vai servir de suporte para as cartas. Para abrigar 25 cartas, serão necessárias quatro fileiras de seis cartas, e será necessário um espaço adicional para colocar uma carta a ser escolhida pelo jogador.

A base para as cartas pode ser confeccionada de diferentes maneiras. O mais importante é que permita a mobilidade das cartas, pois, à medida que o jogo acontece, elas vão sendo retiradas. Veja um exemplo de suporte de papelão que pode ser feito com a tampa de uma caixa de sapatos.

Como jogar?

Agora, vamos conhecer as regras do jogo!

1. O jogo é realizado em duplas.

2. Cada jogador escolhe uma carta, sem que o outro saiba qual é.

3. A carta escolhida deve ficar na fileira da frente da base, para que possa ser consultada pelo jogador durante o jogo.

4. Decidam, por sorteio, quem iniciará o jogo.

5. Em sua vez de jogar, cada jogador pode fazer uma única pergunta, que será respondida pelo outro com Sim ou Não.

6. Com base nas respostas, os jogadores devem colocar de lado as cartas que não correspondem à pessoa escolhida pela sua dupla.

7. Quando um jogador tiver um palpite, deve dizer, por exemplo: "A pessoa é Wanda Horta!". É permitido arriscar adivinhar a pessoa uma vez por turno.

8. Ganha o jogador que adivinhar primeiro a pessoa escolhida pela sua dupla.

Ilustrações: Victor Beuren/ID/BR

BIBLIOGRAFIA

ALVES, R. *O que é religião*. São Paulo: Brasiliense, 1981.

BACH, M. *As grandes religiões do mundo*. Rio de Janeiro: Nova Era, 2002.

BASTIDE, R. *As religiões africanas no Brasil*: contribuição a uma sociologia das interpenetrações de civilizações. Tradução: Maria Eloisa Capellato e Olívia Krähenbühl. São Paulo: Pioneira, 1989.

BIANCA, V. *et al. O sagrado no ensino religioso*. Curitiba: SEED-PR, 2006 (Cadernos Pedagógicos do Ensino Fundamental, n. 8).

BÍBLIA SAGRADA. Edição Pastoral. São Paulo: Paulus, 1990. Disponível em: http://www.paulus.com.br/biblia-pastoral/_INDEX.HTM. Acesso em: 21 mar. 2022.

BOWKER, J. *Para entender as religiões*: as grandes religiões mundiais explicadas por meio de uma combinação perfeita de texto e imagens. Tradução: Cássio de Arantes Leite. São Paulo: Ática, 1997.

BRASIL. Ministério da Educação. Secretaria da Educação Básica. *Base nacional comum curricular*: educação é a base. Brasília: MEC/SEB, 2018. Disponível em: http://basenacionalcomum.mec.gov.br/. Acesso em: 21 mar. 2022.

BRASIL. Ministério da Educação. Secretaria Especial dos Direitos Humanos. *Diversidade religiosa e direitos humanos*. Brasília: MEC/SEDH, 2004. Disponível em: http://www.dhnet.org.br/dados/cartilhas/a_pdf_dht/cartilha_sedh_diversidade_religiosa.pdf. Acesso em: 21 mar. 2022.

CHAUI, M. *Convite à filosofia*. São Paulo: Ática, 2000.

CONSELHO EPISCOPAL LATINO-AMERICANO. *Vão e ensinem*: identidade e missão da escola católica na mudança de época, à luz de Aparecida. Tradução de Vitor Hugo Mendes. Bogotá, Colômbia, 2011.

COOGAN, M. D. (org.). *Religiões*: história, tradições e fundamentos das principais crenças religiosas. Tradução: Graça Salles. São Paulo: PubliFolha, 2007.

CROATTO, J. S. *As linguagens da experiência religiosa*: uma introdução à fenomenologia da religião. Tradução: Carlos Mario Vásquez Gutiérrez. São Paulo: Paulinas, 2004.

EL OUMARI, G. *Subsídios pedagógicos para o ensino religioso*. Informativo da Associação Inter-religiosa de Educação, n. 42, set. 2017. Disponível em: http://www.ensinoreligioso.seed.pr.gov.br/arquivos/File/boletins_informativos_assintec/informativo_assintec_42.pdf. Acesso em: 21 mar. 2022.

ELIADE, M. *Imagens e símbolos*: ensaio sobre o simbolismo mágico-religioso. Tradução: Sonia Cristina Tamer. São Paulo: Martins Fontes, 1991.

ELIADE, M. *O sagrado e o profano*: a essência das religiões. Tradução: Rogério Fernandes. São Paulo: Martins Fontes, 2001.

ELIADE, M. *Tratado de história das religiões*. 3. ed. Tradução: Fernando Tomaz e Natália Nunes. São Paulo: Martins Fontes, 2008.

GAARDER, J. *et al. O livro das religiões*. Tradução: Isa Mara Lando. São Paulo: Companhia das Letras, 2005.

HUNTER, James C. *O monge e o executivo*: uma história sobre a essência da liderança. Tradução: Maria da Conceição Fornos de Magalhães. Rio de Janeiro: Sextante, 2004.

IPHAN. *Educação patrimonial*: inventários participativos. Brasília, 2016. Disponível em: http://portal.iphan.gov.br/uploads/publicacao/inventariodopatrimonio_15x21web.pdf. Acesso em: 16 maio 2022.

KÜNG, H. *Religiões do mundo*: em busca dos pontos comuns. Tradução: Carlos Almeida Pereira. Campinas: Verus, 2004.

OLIVEIRA, L. B. de *et al. Ensino religioso*: fundamentos e métodos. São Paulo: Cortez, 2007.

ONU. *Declaração Universal dos Direitos Humanos*. 2009. Disponível em: https://www.unicef.org/brazil/declaracao-universal-dos-direitos-humanos. Acesso em: 21 mar. 2022.

O SIGNIFICADO dos versículos do alcorão com comentários. Tradução: Samir el Hayek. São Paulo: MarsaM, 2016.

PARANÁ. Secretaria de Estado da Educação. Superintendência da Educação. *Ensino religioso*: diversidade cultural e religiosa. Curitiba: SEED-PR, 2013.

PASSOS, J. D. *Como a religião se organiza*: tipos e processos. São Paulo: Paulinas, 2006.

PROJETO EMAÚS. *Ensino religioso*: Ensino Fundamental – 6º ao 9º ano. São Paulo: SM, 2013. 4 v.

ROSSI, Denilson Aparecido; CONTRERAS, Humberto Silvano Herrera. As ciências da religião e o ensino religioso: aproximações. Curitiba: Intersaberes, 2021.

SANCHEZ, W. L. *Pluralismo religioso*: as religiões no mundo atual. São Paulo: Paulinas, 2005.

SANTOS, E. Lugares sagrados. *In*: PARANÁ. Secretaria de Estado da Educação. Superintendência da Educação. *Ensino religioso*: diversidade cultural e religiosa. Curitiba: SEED-PR, 2013.

TERRIN, A. *Introdução ao estudo comparado das religiões*. Tradução: Giuseppe Bertazzo. São Paulo: Paulinas, 2003.

VILHENA, M. *Ritos*: expressões e propriedades. São Paulo: Paulinas, 2005.

WILGES, I. *Cultura religiosa*: as religiões no mundo. 19. ed. Petrópolis: Vozes, 2010.

ZILLES, U. *Filosofia da religião*. 7. ed. São Paulo: Paulus, 2009.